大展好書　好書大展
品嘗好書　冠群可期

大展好書　好書大展
品嘗好書　冠群可期

武術特輯
128

大悲拳・禪門劍

附 VCD

張希貴　趙喆　編著

大展出版社有限公司

山西佛教協會副會長，五台山佛協會長，碧山寺方丈妙江大和尚

作者與海燈法師高徒寂誠法師合影

作者與五台山五爺廟常青法師合影

白雲寺僧人學練大悲拳

少林老拳師郝學儒老師

郝學儒先生與弟子合影

筆者與禪門劍演練者張靜女士

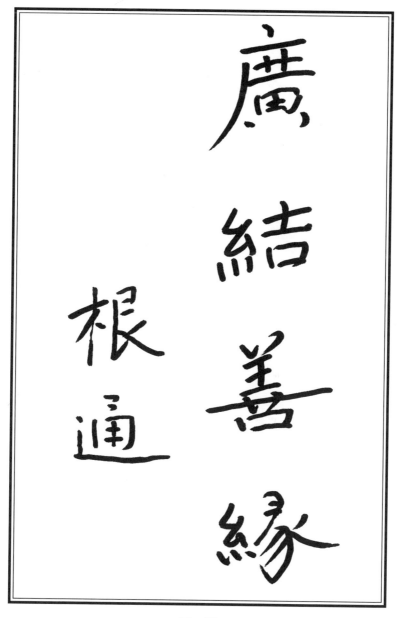

廣結善緣

根通

根　通
中國佛教協會副會長
山西省佛教協會會長

弘揚佛教內涵

增強體質

五臺山　釋誠江

妙　江
中國佛教協會副會長
五台山佛教協會副會長

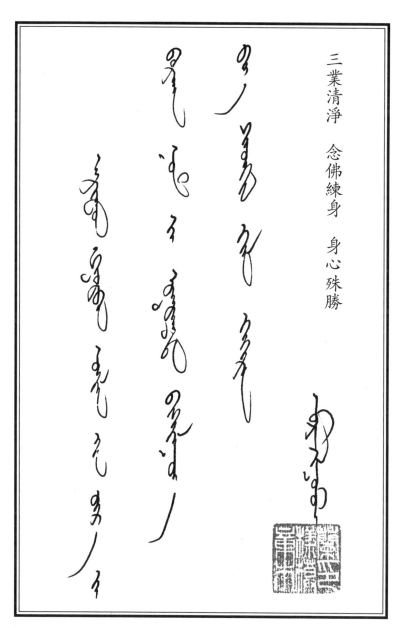

三業清淨　念佛練身　身心殊勝

章樣摩蘭
山西省佛教協會副會長
五台山佛教協會副會長

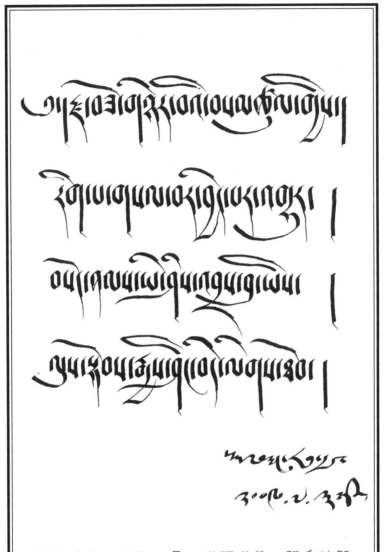

陶冶情操　淨化心靈　增福增慧　強身健體

格桑熱杰
山西省佛教協會常務理事
五台山佛教協會副會長

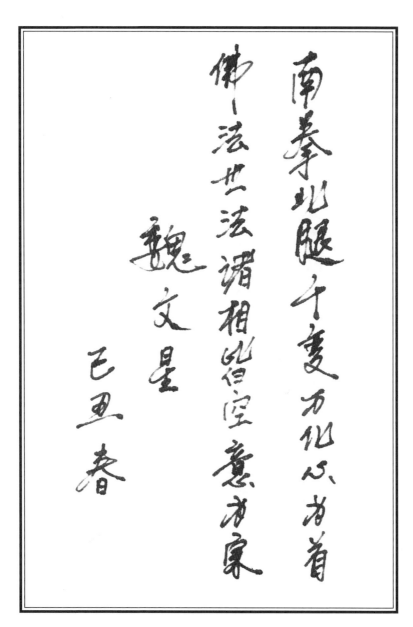

南拳北腿千變萬化以為首
佛法世法諸相皆空意為家

魏文星

己丑春

魏文星
山西省佛教協會副秘書長

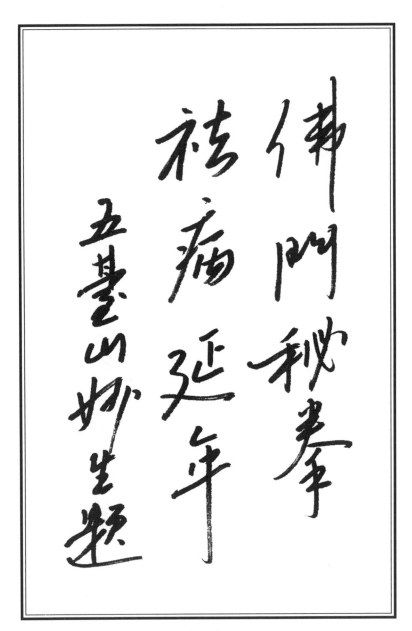

佛門秘拳

袪病延年

五臺山妙生題

妙　生
五台山普化寺住持

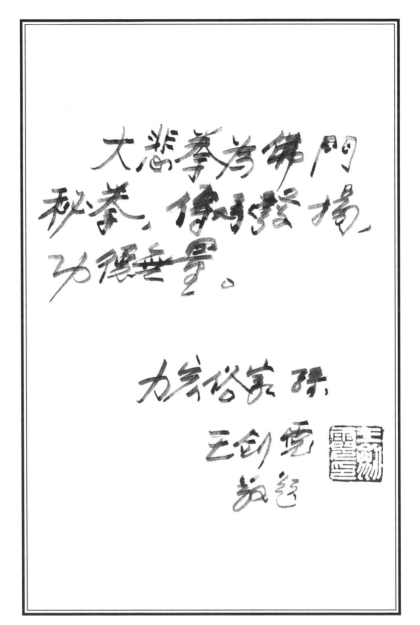

大悲拳為佛門
秘拳、倘能發揚
功德無量。

力弘啓家珠

王劍霓
敬題

王劍霓
三晉學者　蒙山大佛發現者

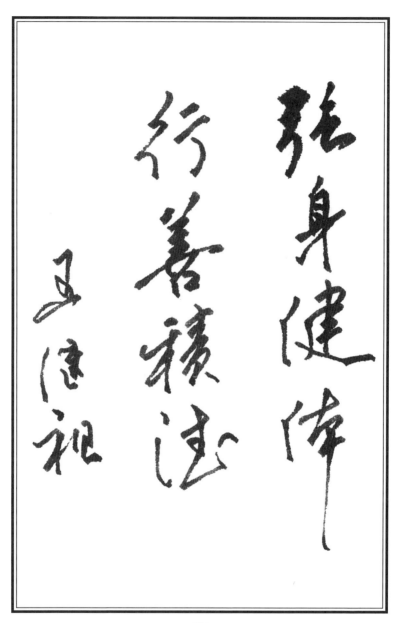

強身健體

行善積德

王繼祖

王繼祖
原太原市政協副主席
三晉學者

張希貴 1937 年生，男，漢族，山西省太原市人。武術八段，國家級武術裁判，當代中華武林百傑。原山西省武術隊總教練，現任山西省武術協會副主席，山西省形意拳協會常務副主席兼秘書長。

從事武術工作五十多年來，博採眾長，精長拳、短拳、形意、八卦、太極、鞭杆等，對武術散手、推手等競技武術亦頗有研究。

近年來又著手武術資料和書稿的編撰工作，現已出版的有《渾元散手拳》、《迎手鞭杆技擊法》、《四十八式形意拳》、《山西武術名人、名拳錄》、《山西鞭杆技法精要》，參與創編並執筆中國形意拳規定套路《中級拳》、《高級拳》等。

2004 年 10 月應邀代表中國武術協會參加在鄭州舉辦的首屆世界傳統武術節比賽，榮獲形意拳和鞭杆兩個項目的金牌。2007 年代表中國赴日本進行形意拳表演獲好評。

　　趙喆　山西省太原市人，男，漢族，1942年生。自幼愛好武術，14歲時拜著名武術家、少林老拳師郝學儒先生爲師，學練少林拳械八翻手及王新午太極拳等，後又學得63式大悲陀羅尼拳，並傳與張靜、嚴玉清、安永勝、田邊學等人。

　　本人與佛有緣，幼時即皈依佛門。因對佛教的虔誠信仰和深厚的感情，故從「文革」後，工作之餘即積極投入到落實宗教政策的工作當中（恢復寺廟建設和宗教活動方面）。現爲山西省佛協理事、太原市佛協理事、萬柏林區佛協秘書長。

　　大悲拳來自佛門，也是一套佛教和中國武術相融合的拳術。筆者十分喜歡，經過多年演練，身心殊勝，收益匪淺。

前　言

　　中華武術歷史悠久，源遠流長，門派繁多，有以拳法和步法變換轉行的八卦掌，有以道家學說以柔克剛的各家太極拳，還有根據五行學說及動物特徵象形取意，剛勁有力的形意拳，還有南拳、北腿的少林武術，查、華、炮、洪等各門派的拳種舉不勝舉。隨著我國國際聲譽的不斷提高和國際交往日益增多，我國的武術已聞名遐邇並走向世界，受到越來越多的人們的喜愛，成為聯繫與發展各國交往的橋樑和紐帶。

　　隨著改革開放的不斷深入，社會的繁榮與和諧，人民生活水準的不斷提高，武術運動已成為廣大群眾喜聞樂見的健身方式，越來越多地被人們所接受。其中出自佛門別具特色的大悲拳和禪門劍也受到了人民群眾的喜愛。

　　大悲拳原是佛門密宗的一種修持功法，是歷代高僧大德在參禪、打坐、誦經、拜佛、修身、養性、練身的密拳。該拳透過形象的肢體運動，可達到提神健體的功效並流傳至今，後由北京上方山少林密宗高僧上奇下雲和尚將此拳以武術形式推廣開來，在健身、抗疾病及抗衰老方面很有作用，若堅持鍛鍊，自會陶冶情操，淨化心靈，開啓智慧，達到妙不可言的效果。

　　禪門劍係佛教禪宗少林僧人修行練身的一套劍術。該劍路的風格柔軟靈活，翻轉自如，身法多變，瀟灑奔放，輕靈舒緩。因其全套路中不同的姿勢變化，穿插在游龍般的動態中體現出來，不僅增加了整體的美感，具有欣賞性，而且使不同功底的演練者，都能連貫自如地完成整個套路。手足相應、眼隨劍走、身劍合一、行雲流水、禪意濃濃，是其一大特點，演練完，練者和觀者均有意猶未盡之感。

　　大悲拳、禪門劍必須注重兩個方面，一是我們應明確學練的目的，在於強身健體，服務社會，造福人民，加強品德修行；二是鍛鍊應堅持不懈，持之以恆，才會福慧增長，才能收到事半功倍的效果。

　　爲將大悲拳和禪門劍發揚光大、推廣開來，以增強人民的體質，使群眾活動豐富多彩，爲全民健身作貢獻，當代「中華武術百傑」、武術八段、原山西省體工隊武術總教練張希貴先生及其同門師弟趙喆先生二人通力合作，編著了此書。

　　《大悲拳》的套路分爲七段，《禪門劍》的套路分爲四段，文字簡練，通俗易懂，易學易記，適合各個年齡段的人學練。

　　此書是既能養心又能健身的佛門瑰寶，願這一佛教文化與武術相融會的拳械，服務於人民，造福於社會，爲全民健身發揮積極的作用。

展開慈慈喜樂的人生之旅，

頂禮大悲菩提心妙寶！

頂禮大慈大悲觀世音菩薩！

大地眾生本自具足無上覺性！

釋迦牟尼佛於菩提樹下同證無上正等正覺，向我們親證此點；觀音、文殊、金剛手等大菩薩，重重無盡地昭於此點；無量無邊的高僧大德，正因為堅信此點，才勇敢堅定地展開了他們的覺悟人生。

他們的生命境蜀與人生歷程，給了我們無限的信心和希望：「彼即丈夫我亦爾！」

佛法的實踐，生動活潑！工作、生活、禪修，只要自覺利他，都是善舉；只要慈悲喜捨，都是偉大的菩薩行！

「歸元無二路，方便有多門」！「法不孤起，必仗緣生」！

因緣際會，大悲拳如一朵奇葩，顯現在佛法無盡花海之中！

該拳法，由北京上奇下雲和尚，將少林拳法與大悲咒禪修融合而開演，薪火相傳，太原趙喆居士有緣傳承。

修持大悲拳，日久功深，自可長養行者的生命品質——

敬重生命，信任無上覺情；熱愛生活，自覺利他；慈悲喜捨，並昇華爲願，行菩提心；正念專注，身心平衡；和樂共用而不執著⋯⋯

人貴有自知之明，諸法平等無有高下，契合自己根基者才是最殊勝之法。

你發現大悲拳適合於你，就投入你的身心篤實行持，我們眞誠隨喜你的法緣，共用你的法喜；如果因緣不契，切莫盲從，應應敬重、護持之！

具信樂者敦請趙喆居士將大悲拳推廣發揚於世，願以此緣起，幫助有緣者展開慈悲喜樂的生命歷程，情與無情，同圓種智！

付梓之際，以此序言隨喜，願盡未來際，饒益無量無邊的生命！

慚愧僧　釋迦國亮

2008 年冬月吉日

述於 大佛山蘭若

　　前幾天，省、市佛教協會理事、萬柏林區佛教協會秘書長趙老師拿著他撰述的厚厚一摞《大悲拳》書稿來找我，請我給此書寫一篇序言。趙老師從小學習佛法和武術，既有佛學修養，又具少林拳、八翻手、太極拳等武術功底，而我呢，雖然研究佛學多年，但對拳術卻是知之甚少，確切地說是一位門外漢。因此，我向他推薦少林寺武術大師、禪書畫大家德慈師父作序。但他以德慈師父不在太原，此書付梓在即爲由，執意要我寫序。在此盛情難卻的情況下，我只好「禪外談禪」了。

　　大悲拳是武術的一種拳法。武術是我國傳統文化中豔麗的一株奇葩。它源遠流長，薪火相傳，隨著人們物質、文化生活水準的提高，它將會成爲廣大群眾喜聞樂見的一種鍛鍊身體、增強體質的體育活動，甚至也會像我們的國學一樣，傳播於世界各地。

　　大悲拳是佛教文化和我國傳統拳法融合的碩果。大悲是指顯密兩教通用的《大悲咒》。《大悲咒》，梵名爲Mahākārunikacita-dhārani，亦名千手千眼觀世音大悲心陀羅尼、千手千眼觀世音菩薩大身咒、廣大圓滿無礙大悲心陀羅尼、大悲心陀羅尼，還稱千手千眼觀世音菩薩內證功德之

根本咒。本咒前後有六種譯本：一是伽梵達摩所譯之《千手千眼觀世音菩薩廣大圓滿無礙大悲心陀羅尼經》，全文計有84句；二是智通所譯之《千眼千臂觀世音菩薩陀羅尼神咒經》；三是菩提流志所譯之《千手千眼觀世音菩薩姥陀羅尼身經》，此譯爲94句；四是金剛智所譯之《千手千眼觀自在菩薩廣大圓滿無礙大悲心陀羅尼咒》，爲113句；五是不空三藏所譯之《金剛頂瑜珈千手千眼觀自在菩薩儀規經》，爲40句；六是不空三藏所譯之《千手千眼觀世音菩薩大悲心陀羅尼》，爲82句。

以《大悲咒》在我國甚具靈驗，廣爲佛子所奉持，所以，此《大悲拳》也用此咒，且用的是伽梵達摩所譯之84句者。又據該《經》說，誦此咒能得15種善生，不受15種惡死。

其善生者：（1）所生之處常逢善王；（2）常生善國；（3）常值好時；（4）常逢善友；（5）身根常得具足；（6）道心純熟；（7）不犯禁戒；（8）所有眷屬恩義和順；（9）資具財食常常豐足；（10）恒得他人恭敬扶持；（11）所有財寶不被他人劫奪；（12）意欲所求皆悉稱遂；（13）天龍善神恒常護衛；（14）所生之處得以見佛聞法；（15）所聞正法能的甚深義。

其惡死者：（1）饑餓困苦死；（2）枷禁杖死；（3）怨家仇對死；（4）軍陣相殺死；（5）虎狼惡獸殘害死；（6）毒蛇蚖蠍所中死；（7）水火焚漂死；（8）毒藥所中死；（9）蟲毒所害死；（10）狂亂失念死；（11）山樹崖岸墜落死；（12）惡人壓魅死；（13）邪神惡鬼得便死；（14）惡病纏身死；（15）非分自害死。

又據上述智通所譯的《陀羅尼神咒經》說，若誦此咒108遍，則一切煩惱罪障，乃至五逆等重罪，悉皆消弭，且得身、口、意清靜。又據上述不空所譯《修行儀軌經》說，誦此咒可得息災、增益、降伏、敬愛鉤召等四種成就。因此，禪宗、密宗等顯密宗派均極重視誦持此咒，且我國的拳術也和此咒相結合，形成了大悲拳。

練習大悲拳時，不僅要默念或配合佛樂《大悲咒》，而且要充分發揮意念的導引和身體各部位的協調動作，堅持不懈，就會調心、調息、調血、調經、調身，從而去除煩惱，淨化心靈，開發智慧，陶冶情操，氣血充足，血脈流通，經絡通暢，關節靈活，延緩衰老，袪病延年，顏面紅潤，皮膚光澤，精力充沛，青春永駐，身心健康，體質增強。

大悲拳既靈驗又能袪病健身，那麼，如何才能學會學好呢？一要拜師學藝，請有知識、有經驗的拳師指導練習，以免走火入魔，傷了身子。二要有信心、有恒心、有志氣，內外兼修，表裏一致，知行合一，刻苦鍛鍊，自強不息，日新更新，功到自然成。三要有一種好的學習資料。

趙老師撰寫的這本《大悲拳》就是學習演練這種拳法的好教材。它語言流暢，通俗易懂，安排合理，結構嚴謹，層次分明，疊出新義，其源流特點、方法要領、動作要求、圖解說明，一看便懂，好記易練，是理論與實踐相結合的一部好書，值得大家學習參閱。以此故，是為序。

山西省禮科院研究員　崔正森
己丑桃月穀雨於晉陽丈齋

目　錄

目

錄

25

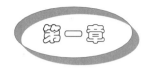

大 悲 拳

第一節　大悲拳源流及特點

一、大悲拳的來源及其風格特點

　　大悲陀羅尼拳（簡稱大悲拳）是佛門密宗①修心、養性、練身的一種修持功法，也是我國少有的武術與佛教文化相融會的一種套路。它是根據佛門主要經咒——大悲陀羅尼咒，一式一咒解練的。悲在佛門中又有撥苦的含意，意為去其煩惱、災難、病苦等，故拳名為大悲陀羅尼拳。大悲拳因是佛教密宗修持的功法，歷史上也只是在教內高僧中傳承，一般層次的佛門中人也不容易學得。

　　20 世紀 30 年代，北京上方山密宗少林高僧奇雲和

――――――――

　　① 密宗——七世紀後印度大乘佛教部分派別與印度教相結合的產物。唐開元年間由印度僧人善無畏、金剛智、不空三大士傳入中國，創建的一個宗派。該宗教規複雜，對誦咒、契印、灌頂、供養等皆有嚴格規定，需請阿闍黎（導師）秘密傳授灌頂，不經灌頂傳授不得任意傳習及顯示他人，故稱密宗，也稱真言宗。

尚，首次向他人傳授該拳，期望學練者透過演練大悲拳、熟誦大悲咒，達到弘揚教法的目的，這樣，拳、咒易學，也不顯得枯燥，同時強身健體。

20 世紀 60 年代，因種種原因，學練大悲拳被視為迷信，很少有人練了。後在武術界前輩的邀請下，奇雲和尚再次傳授大悲拳，名為少林柔拳，以武術形式推廣開來（不誦咒，拳名改為動作術語），因此，大悲拳是奇雲和尚演練留世的。

奇雲和尚俗名叫史正剛，河北保定人，從小喜武，學得多種拳術，武術根基紮實。青年時出家為僧，參訪名山大剎，並尋訪有武術造詣的高僧來紮實自己的武術功底。這期間他學得了無名神拳，後在參禪打坐、誦經修行中，拜到大悲陀羅尼經時，看到經中的圖像及契印與自己學得的無名神拳的拳路契合，頓悟無名神拳即是傳說中失傳的大悲拳。奇雲和尚便融會各家拳術精華並充實到該套路中，使大悲拳更加完善。他也成為繼承與發揚大悲拳的一代宗師。

大悲拳的特點是在行拳中要誦念佛經經咒——大悲咒，一式一咒解練。其動作舒緩，呼吸勻、深、長，適合不同年齡段的人學練。它的風格是拳式自然、莊嚴、優美、寧靜，古樸高雅，動作飄逸、灑脫，剛柔相濟，鬆柔圓和。全套動作體現出大開大展、大起大落的特色。

行拳是以意念引導動作，以拳行氣，以氣運身，全身血脈通達，加之在演練中默念大悲咒，因而精神高度集中，很有禪意。學練者如能認真演練，日日堅持不懈，定會淨化心靈，增進智慧，強身健體，延年益壽。

二、大悲拳的練法及要求

密宗大悲拳是佛門中的一種武術、拳法，自有它獨特的練習方法和要求。但它也離不開武術的基本含義和要求。比如說：攻防含義、手眼身法步的配合，精、氣、神的表現和運用等。

1. 練習大悲拳要首講內壯，用意不用力，以意識引導動作，在套路練習中不求快速敏捷，一招制敵，而要求動作舒展、緩慢，剛柔相濟，身正步穩。

動作舒展，身心才能開闊，氣血方能暢通，節節貫穿，姿勢也優美大方。

動作緩慢，用意不用力，才能較好地以意識導引動作，保持身心鬆靜、姿勢正確。

只有這樣，呼吸才能自然、均勻，血脈暢通，練習後感覺心曠神怡，身心得到良好的鍛鍊。故練習大悲拳不要求高穿遠跳，發力剛猛。不允許出現氣喘呈呈、力不從心的無氧運動現象。

大悲拳的演練是慢中有快，偶有發力加速的動作。柔而蓄力，剛而發勁，體現了大悲拳的攻防技擊含義和方法。

2. 大悲拳的練習必須做到身正步穩，手、眼、身、法、步要協調配合。只有身正才能步穩，步穩才能身正。拳語講：「步不穩，拳亂。步不快，拳慢。」在練習大悲拳之前，要先學會並掌握大悲拳的基本步型、步法。如：馬步、弓步、仆步、虛步、歇步等等，把這些步型的大小、高低、虛實方法掌握了，運動中才能穩健。身正步穩，功架正確，動作才能不散亂，才不會出現前俯後仰、

左歪右斜等弊病，達到鍛鍊的目的。

手、眼、身、法、步是武術練習的精神所在，而在大悲拳套路練習中更加重要。拳語講：「眼隨手動，身隨意轉」，「手到眼不到，就是瞎胡鬧。」手到，眼到，手眼相隨；手指向哪裏，眼睛就要看到哪裏，這樣精氣神就表現出來了，才能體現武術的氣概。

另外是身法的配合。身法是指腰部以上的動作轉折、擰扭變化等。隨著動作的起伏、開合、高低、旋轉，使整個身體和四肢及手、眼、身、法、步協調和順。

因為大悲拳是佛禪拳法，一般在套路練習中需要配合佛樂和大悲咒的默誦完成，用意念導引動作。大悲拳是佛教密宗的修持功法，按照密教的解釋，大悲拳所有的姿勢，全是諸佛菩薩的身印；大悲拳用的手式、手法皆稱為「手印」。

密教謂：「諸佛菩薩各有本誓，以兩手十指結種種之形，為標本誓之印象印契，故曰印。」其理秘密深奧，故稱「密印」，因其理法深奧，又須由大師傳授手印，故一般人是很難理解的，所以我們練習時必須依照圖示的手法練習，不可隨意改變。

3. 大悲拳有上、中、下三盤練法，不同年齡、不同體質的人可採取不同的教學方法。身體較好的年輕人可練下盤，一般人可練中、上盤。下盤練習要求姿勢低、步距大，起伏動作比較明顯；而上盤練法則步距小，姿勢較高，運動量較小，適合中老年和體質較弱者鍛鍊。

總之，拳無定式，練到一定程度，可根據自己的體會和需要量力而行，增減練習難度和運動量，達到強身健體，陶冶身心的鍛鍊目的。

三、大悲拳的健身作用

大悲拳是佛門密宗的一套修持功法，特別強調在演練時，身、口、意三業清淨。口誦大悲咒，身練大悲拳，意觀想佛菩薩的形象，悠然地行拳。凝身沉氣，精神集中，動作舒緩，以拳行氣，以氣統血，外練筋骨，內練精氣神。日久，內氣足，氣血順，經絡通，堅固了精神，增進了智慧，起到了強身健體的作用。

在演練大悲拳時，因姿勢端莊寧靜，氣勢宏偉優美，行拳連綿不斷，如行雲流水，加之呼吸自然配合動作、咒語自會神清氣爽，意趣盎然，因而斷除煩惱，心地寬廣，疾病不生，青春常在，起到了健身的作用。

演練大悲拳要始終保持柔韌的練功狀態，鬆柔圓和，剛柔相濟，不發猛力，動作隨自己的體質，可高可低，可大可小。只要認真學練，就會增加體內的能量，改善生理機能，增強體質，疾病也會隨之逐漸好轉直至消失。大悲拳確實能起到延緩衰老、袪病延年的作用。

大悲拳的特點是在鬆靜的狀態下行拳，強調以意行拳，動作緩慢，因而心態平和，呼吸深、長、勻並自然，日久能增加肺活量，改善血液循環，加強和調節體內各臟腑的功能，從而達到身體內外兼修的目的，給人以生機勃勃的感覺。

大悲拳如能日日堅持，按佛門的教義，眾善奉行，多做有利於社會的事，且有慈悲平靜之心態，心存善念地生活，就能調整自己的精神狀態，思想集中，自會無病者強身，有病者遠離病苦。

一、大悲拳基本動作術語及要求

1.手　型

(1)掌

五指微屈，自然分開，指尖微扣。

(2)拳

五指蜷曲握緊，拇指壓於食指和中指的第二指節上，拳面要平。

(3)勾

屈腕，五指撮攏，指尖朝下或反腕向上；亦可以大拇指和中、食指捏攏，其餘二指屈勾。

(4)三叉訣

拇指與中指、無名指指尖捏緊，食指與小指向上翹，掌心朝前。

(5)劍　訣

食指與中指併攏伸直，無名指與小指屈勾，大拇指指腹壓在小指與無名指的指甲上面。

(6)合　掌

兩掌心相對貼緊，指尖伸直。

2. 步　型

(1)弓　步

前腿屈膝半蹲，腳尖向前，後腿伸直，腳尖內扣，斜向前方，全腳著地，不可掀跟。

(2)馬　步

兩腿屈膝半蹲，足尖向前，兩腳間的距離約為三個腳長。半蹲時，膝蓋不可超過腳尖。

(3)仆　步

一腿屈膝全蹲，腳尖外展，另一腿伸直平仆於體側，兩腳均全腳掌著地，不可掀跟。

(4)獨立步

一腿直立站穩，另一腿屈膝提起，膝部盡力高提，腳尖自然下垂。

(5)歇　步

兩腿交叉屈膝半蹲，前後相疊，後膝接近前腿膝窩，前腳外展，全腳掌著地；後腳以前腳掌著地，腳跟提起。

(6)虛　步

一腿屈膝半蹲，全腳著地；另一腿屈膝，腳跟提起，腳尖虛點地面。

二、大悲拳動作名稱

第 一 段

1. 觀音合掌
2. 疊手摩掌
3. 三叉訣
4. 雙手托缽
5. 轉身劈靠
6. 天王鎮魔
7. 達摩指路

三、大悲拳動作圖解

第 一 段

1. 觀音合掌

（1）立正姿勢站好，頭正、項直、鬆肩、塌腰，兩足並立，兩手下垂於體側。兩目向前平視，口微閉，舌頂上腭，呼吸自然（圖1-1）。

（2）右腳不動，左腳向左側跨半步，兩足平行站立，與肩同寬（圖1-2）。

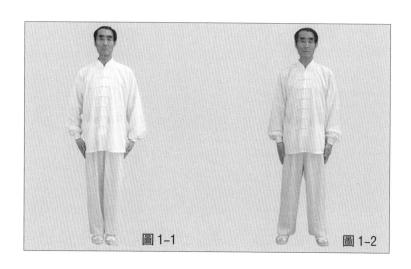

圖1-1　　　　圖1-2

（3）身體不動，兩臂由下向體側抬平，兩臂與肩平，同時兩掌徐徐變勾，勾尖朝下。目視前方（圖1-3）。

（4）上動不停，兩勾手變立掌上挑，掌心向外，掌指向上。目視右掌（圖1-4）。

（5）上動略停，兩臂內收，使兩掌在胸前合掌，掌指向前。目視前方（圖1-5）。

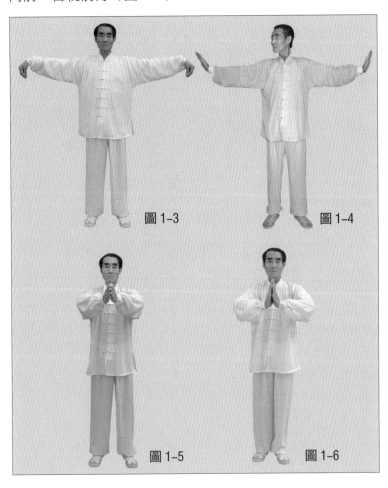

圖1-3　　　　　　圖1-4

圖1-5　　　　　　圖1-6

（6）上動不停，兩掌由胸前向下合攏成立掌，掌指向上，停於胸前。目視前方（圖1-6）。

【要點】

上述動作需連貫完成，勾手時，五指不可捏得過緊；兩掌在胸前合掌時，掌心要緊貼，不可分離；兩肘要端平，兩腋下要空，使氣血流暢，心靜體鬆。

2. 疊手摩掌

（1）兩掌由胸前向下翻轉使兩掌指朝下，並直臂下伸於小腹前（圖1-7）。

（2）上動不停，身體不動，兩掌互握，左下右上，停於腹前（圖1-8）。

（3）上動不停，兩掌心左右碾轉換位成左上右下握式（圖1-9）。

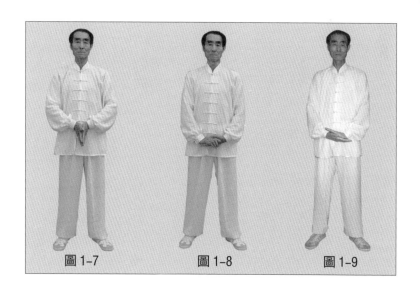

圖1-7　　　　　圖1-8　　　　　圖1-9

3.三叉訣

（1）右足跟微內收，右膝微屈略蹲；左腳向右腳內側靠攏，足尖點地，足跟提起。同時，兩臂向右側抬起，兩掌不變。目視右前方（圖1–10）。

（2）上動不停，右腿不動，左腳向左側蹬腿伸直，全腳掌著地，足尖內勾。同時，兩臂向右側伸直，兩掌心相搭前送，右手背朝外，左掌背朝內。目視前方（圖1–11）。

（3）兩足不動，上體微左轉。同時，兩掌心緊貼翻轉，使右掌在上，左掌在下（圖1–12）。

（4）上動不停，右腿屈膝全蹲，左腿平仆，足尖內收成左仆步式。兩手分開，右掌下落於右膝前，左掌立掌向前下插伸於左腳面上。目視左手（圖1–13）。

（5）上體不動，兩腿仍成左弓步式。左手臂向前抬起，手與肩同高，食指和小指伸直，中指和無名指屈曲與大拇指指端相捏，成三叉訣手型；同時，右手向後下方伸

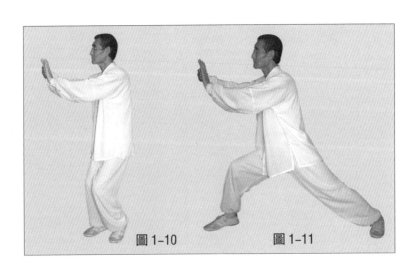

圖1–10　　　　圖1–11

展，食指與中指伸直，無名指與小指屈曲，拇指指端壓在
無名指與小指的指甲上，成劍訣式（圖1–14）。

圖1–12

圖1–13

圖1–14

（6）上動不停，右腳蹬地屈膝前提，左腿伸直獨立。同時，左手上抬伸直，右手先收於左胸前，然後持劍訣向前平伸前指。目視前方（圖1-15）。

圖 1-15

【要點】

三叉訣（1）～（6）動要連貫完成。弓步時後蹬之腿要伸直，不可彎曲；獨立式，支撐腿要挺膝蹬直，提膝之腿要儘量高抬，膝高過腰，足尖繃直，上體正直，不可前俯後仰或左右歪斜。

4. 雙手托鉢

（1）上體不動，兩手變掌，右手上抬與左手相合成十字手，右上左下，掌心向前上方（圖1-16）。

（2）上動不停，上體微左轉，兩臂向左、右兩側下落。同時，身體微向右轉，右腿前伸蹬出（圖1-17）。

（3）兩腿屈膝全蹲交叉成歇步式。同時，兩臂下落（圖1-18）。

（4）托鉢式。兩臂屈肘內收，向右膝前包抄，兩手心向上，掌指相對。目視前方（圖1-19）。

（5）兩手上托至胸前。同時，左腿屈膝上提，足尖繃直下垂，成右獨立式。目視左前方（圖1-20）。

圖1-16

圖1-17

圖1-18

圖1-19

圖1-20

【要點】

兩腿歇步下蹲與兩臂下落包抄要緩，協調和順；提膝獨立與兩手上托要配合協調，支撐腿要伸直，提膝腿要高過腰。

5. 轉身劈靠

（1）右腿屈膝下蹲，左腿下落，足尖虛點地面，成左虛步式。同時，左掌斜向右下插，掌心向上，停於右腰腹側；右掌向左上穿，掌指向上，停於左肩前。目視左前方（圖1–21）。

（2）上動不停，右腳不動，左腿挺膝伸直，足尖仍點地。同時，上身向後貼身，微向右轉。目視右前方（圖1–22）。

（3）上動不停，左腳向左邁步落實，左腿屈膝前弓，右腿挺膝蹬直成左弓步式。同時，上體微左轉，兩臂右

圖1–21　　　　　　　　　　　圖1–22

圖1-23

下、左上向前後分靠，右掌心向下，左掌心向上。目視左掌（圖1-23）。

【要點】

虛步抱臂，右腿儘量屈蹲蓄力，然後擰身右靠，力貫兩臂。

6. 天王鎮魔

（1）仆步穿掌

① 左足尖內扣，挺膝伸直，重心移至右腿，右腿屈膝半蹲成右弓步式。同時，左手臂內旋，掌心向下經胸前下按，停於右大腿上方；右臂外旋，掌心翻轉向上亮掌，掌心向上。目視前方（圖1-24）。

② 上動不停，右腿全蹲，左腿平鋪成左仆步式。同時，左臂伸直，掌指向前下插，掌心向外，右臂向右側伸直，兩臂成一斜線。目視左掌（圖1-25）。

圖 1-24

圖 1-25

（2）提膝推按掌

上動不停，右腿蹬地挺膝伸直，左腿屈膝前弓成左弓步式。同時，左臂上挑，右臂自然下落（圖 1-26）。

（3）上動不停，右臂由後向前上抄，高與肩平，掌心向上；左臂屈肘內翻，掌心向下，停於右大臂上（圖 1-27）。

圖 1-26

圖 1-27

圖 1-28

（4）上動不停，左腿挺膝直立，右腿屈膝前提，足面繃直。同時，右手握拳收抱於右腰側，左掌向前下推按，掌指向右。目視前掌（圖 1-28）。

圖 1-29　　　　　　　　　　　　圖 1-30

（5）歇步掄掌

上體和兩臂不動，右腳側蹬，然後右腿向右再向後弧形擺動，落於左腿左後側，兩腿屈膝全蹲成歇步，臀部坐於右腿上。同時，兩臂屈肘在身前相抱，掌心上下相對（左上右下）。目視前方（圖 1-29、圖 1-30）。

【要點】

以上動作應連貫完成，一氣呵成。仆步要低，提膝要高過腰；站立要穩，上體微向前傾，頭要正，腰要直，膝要挺，左掌前推要有力。不可搖擺歪斜。

7. 達摩指路

（1）緊接上動，兩腿起立半蹲。同時，右臂內旋、屈肘，使掌心翻轉向上，停於頭上方，左掌順勢向左下撐按（圖 1-31）。

（2）上動不停，兩腿屈蹲成歇步。同時，兩臂在身前

下落，停於左膝前，掌心向下，左掌變成劍訣式，掌指相對。目視前下方（圖1-32）。

（3）上動略停，兩腿略起，以腳跟和腳掌為軸，向右碾轉一周，仍成歇步下蹲姿勢，臀部坐在左小腿上。兩手向右側平擺，右臂平直，掌心向下；左臂屈肘收於胸前，左手仍為劍訣。目視右掌（圖1-33、圖1-34）。

圖1-31　　　　　　圖1-32

圖1-33　　　　　　圖1-34

（4）右臂由下向後再向上直臂弧形擺動至頭頂上方，掌心向上；同時，左臂直臂向前探指，劍訣手心朝下。左腿屈膝上提，成右獨立提膝式。目視劍指方向（圖1–35）。

【要點】

以上動作要連貫完成，並與左臂前指、左腿提膝同時完成，不可有先後之分。支撐腿要直，背要挺，頭要上頂，氣要下沉。

（5）左劍訣變拳，收回抱於左腰側，拳心向上。隨即左小腿伸直，足用力向前蹬踢（圖1–36、圖1–37）。

圖1–35

圖1–36

圖1–37

8. 合掌禮佛

（1）仆步穿掌

左腿經右腿裏側向身後仆腿，成左仆步式。同時，左臂直掌向下插至左腳上方，右臂斜上舉。目視左手（圖1-38）。

（2）弓步前指

右腿挺膝蹬直，左腿屈膝前弓成左弓步式。同時，左臂上抬向前探指。目視左手前方（圖1-39）。

圖1-38

圖1-39

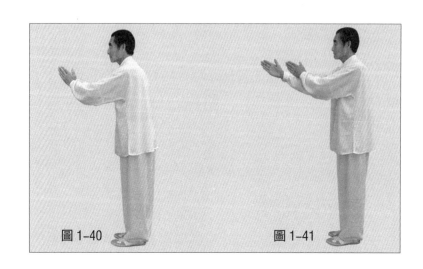

圖1-40　　　　　　　　圖1-41

（3）立正合掌

上動不停，右腳上步與左腳並齊，兩腿直立。同時，右臂由後向前與左掌合掌，掌指朝上。目視兩掌（圖1-40）。

【要點】

以上動作為一組連貫動作，仆步要低，腳跟不可掀起離地；併步合掌，上體略向前傾，凝神靜氣，氣沉丹田。

第二段

9. 崑崙試劍

（1）錯掌仆步

①右臂不動，左臂屈肘回收將左掌收至右大臂裏側（圖1-41）。

②左臂直掌前穿至右臂手腕上方；同時，右臂屈肘收回，將右掌置於左肩內側，雙掌指向前（圖1-42a、圖1-42b）。

圖 1-42a

圖 1-42b

圖 1-43

③上動不停，右掌直臂向前穿至左掌上方。左腿向身
後撤一大步，右腿下蹲成左仆步式。同時，左掌直臂下
穿，使掌指置於左足上方。目視左掌（圖1-43）。

（2）青龍出水

①右腿蹬地直立，左腿屈膝前弓成左弓步式。同時，右臂由後向上、向前下落，左掌變拳抱於左腰側（圖1-44）。

②上動不停，右臂向胸前下落，右掌置於左胸側；同時，左拳經右臂內側上穿，拳面高與肩平。目視左拳（圖1-45）。

圖1-44

圖1-45

10.金剛護法

右臂內旋經左臂外側上舉於頭上方。右足蹬地，屈膝前提，足尖下垂，左腿挺膝伸直。同時，左拳先收於胸前，然後向前衝擊。目視左拳（圖1-46）。

【要點】

架掌、沖拳與提膝獨立要協調一致。

11. 般若觀相

（1）接上動，右腳向前落下，腳掌踏地。同時，右掌下落，交搭於左掌上，兩掌心均向內（圖1-47）。

（2）上動不停，以兩腳掌為軸，向左碾轉至正後方（約90°），收腳踏實，兩腿直立，拔腰挺胸（圖1-48）。

圖1-46

圖1-47

圖1-48

（3）上動不停，兩腳繼續向左碾轉 180°，面向正前方，兩腿交叉右後左前。同時，兩掌隨身體轉動仍停於面前（圖 1–49）。

【要點】

兩腳向左碾轉時，交替以足跟足前掌轉動。旋轉時頭要正，身要直，不可前俯後仰，兩掌心向裏，意為照鏡也。

圖 1-49

12. 合掌禮佛

（1）長臂羅漢

兩腿不動，兩掌分開分別向下，經體側向上舉臂，至頭上方兩掌心相對。目視兩掌（圖 1–50、圖 1–51）。

（2）歇步合掌

兩腿屈膝下蹲成左歇步式。同時，兩掌合十徐徐下落於胸前。目視前方（圖 1－52）。

【要點】

兩臂下落分掌上舉，由下向後、向上高舉要連貫圓活；合掌下落要與屈膝下蹲協調一致，不可有先後之分。

13. 落地生根

（1）側踹腿

①兩手不動，兩腿挺膝直立，兩掌合攏不變（圖 1－53）。

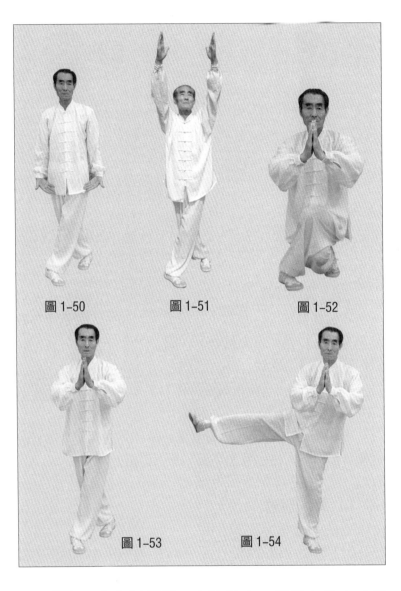

圖 1-50　　　　　　圖 1-51　　　　　　圖 1-52

圖 1-53　　　　　　圖 1-54

　　②右腿向右側彈踢，力達足尖。目視右前方（圖
1-54）。

圖 1-55　　　　　　　圖 1-56

（2）馬步撐掌

右腿屈膝收回，然後下落成馬步。同時，雙掌向左右分掌撐按。目視前方（圖 1-55、圖 1-56）。

【要點】

（1）右腳向右側彈踢時要有力度，力達足尖；左腿站立要穩。

（2）馬步分撐時，兩腿儘量屈蹲，足尖向前；兩臂向兩側分撐，要力貫小臂和掌根；身正步穩。

14. 天人展卷

（1）進步揚掌

①上體微左轉，左足尖外擺 45°，右腿蹬直，左腿屈膝成左弓步式。同時，右臂由下向右、向上弧形擺動（圖 1-57）。

②上動不停，左腿深屈卜蹲成右仆步式。右臂繼續由
上向左側擺動，右掌立掌向右腳面上穿插，左臂向身後斜
舉（圖1–58）。

圖 1–57

圖 1–58

③上動不停，左腿挺膝伸直，右腿屈膝前弓成右弓步式。兩臂平伸，掌心向外，後臂略高（圖1–59）。

④上動不停，左腳向前上一大步，屈膝成左弓步式。同時，右臂上舉，左掌由後向下、向前撩擊，前臂微屈，掌心向上。目視前方（圖1–60）。

【要點】

仆步要低，平仆之腿不可彎曲，足尖裏扣，不可掀跟。

圖1–59

圖1–60

（2）大人展卷

①身體右轉約 90°，兩腿屈蹲成馬步式。同時，兩手向懷中下按，掌心向下，左上右下（圖 1-61a、圖 1-61b）。

②上動不停，兩臂外旋使掌心翻轉向上，同時向左右兩側平分，兩臂端平（圖 1-62）。

圖 1-61a　　　　　圖 1-61b

圖 1-62

15. 金甲伏虎

（1）進步撩掌

①右掌由右向上再向左經左肩前再向右下穿掌，停於右足面上方。同時，兩腿由馬步變成右仆步。目視右掌（圖1-63）。

②上動不停，左腿挺膝蹬直，右腿前弓。右臂由下向上停於正前方，左臂伸直，立掌於體左側（圖1-64）。

圖 1-63

圖 1-64

③上動不停，左腳向前上一大步，屈膝成左弓步式。同時，右臂上舉，左掌由後向下、向前撩擊，前臂微屈，掌心向上。目視前方（圖 1-65）。

（2）提膝推掌

①接上動，重心移至右腿，右腿屈膝下蹲成左仆步。同時，兩掌向左弧形擺動，右臂上架，左直臂下按，掌心向下（圖 1-66）。

圖 1-65

圖 1-66

②上動不停，右腿挺膝伸直，左腿屈膝前弓成左弓步。兩臂平伸立掌（圖 1-67）。

③上動不停，左腿挺膝蹬直，右腿屈膝前提，足尖下垂。同時，右臂仰掌由後向下、向前抄出，左掌停於右小臂處，右掌變拳，拳心向上收於右腰間，左掌向前下推按（圖 1-68、圖 1-69）。

圖 1-67

圖 1-68

圖 1-69

（3）歇步下沖拳

①上體不變，左腿挺膝蹬直，右腳向右側後擺動。左臂上抬至頭左方（圖 1-70）。

②右腿向後再向左擺動，右腳落於左腳左後方，兩腿屈膝全蹲成歇步。右拳向前下衝擊，力達拳面，拳心向上；同時，左手收置於右大臂內側（圖 1-71）。

【要點】

右腿擺動要平、要穩，支撐腿不得搖晃移動。

圖 1-70

圖 1-71

16. 馭伏麒麟

（1）弓步劈掌

①上動略停，兩腿直立，重心偏於左腿。同時，兩臂上舉，在頭頂上方交叉，兩掌心向上（圖1–72）。

②上動不停，右腳向右側邁一大步，右腿屈弓成弓步式。同時，兩臂立掌向前後劈下，立達掌根。目視右掌（圖1–73）。

（2）虛步刁攄

上動不停，右腳微向左前方前移，足尖點地，重心落

圖1–72

圖1–73

於左腳。同時，右掌由左下向右上方掃攦。目視右掌（圖1-74）。

（3）合腿劈拳

上動不停，左腿由後向前上弧形擺動至體前下落，足尖點地，成左虛步。同時，左臂隨右腿下落直臂下劈，左掌變拳，拳眼向上，力達拳輪，右掌扶於左臂內側（圖1-75、圖1-76）。

【要點】

右手刁攦和左腿裏合劈拳要連貫進行，手、眼、身

圖1-74

圖1-75

圖1-76

法、步同時完成。裏合腿要盡力高擺，支撐腿要直，不可彎腿彎腰。

17. 普灑甘露

（1）弓步左插掌

接上動，左腿向前進步踏實前弓，右腿挺膝蹬直。同時，左拳變仰掌，右掌置左小臂處也仰掌。目視左掌（圖1-77）。

（2）進步雙插掌

右腿經左腿內側上步屈膝前弓成右弓步。同時，右臂向前，掌心向上。目視掌前（圖1-78、圖1-79）。

（3）併步撑手

左腳向右腳併步半蹲。兩掌同時從上向下，經體側輕撑，兩臂屈肘，小臂上抬，使兩掌置於兩肩前方（圖1-80a、圖1-80b、圖1-81a、圖1-81b）。

圖 1-77

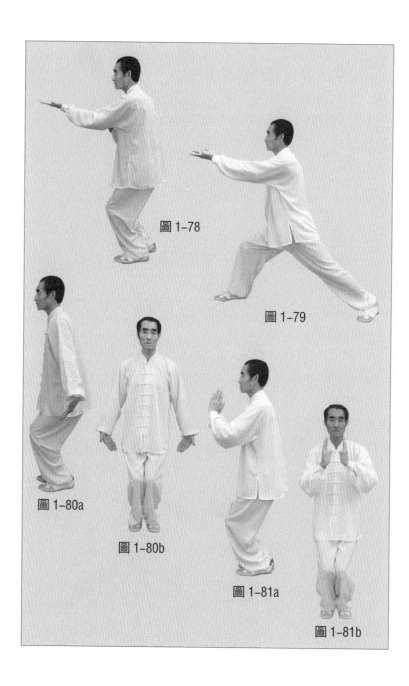

圖 1-78

圖 1-79

圖 1-80a

圖 1-80b

圖 1-81a

圖 1-81b

（4）甘露手

上動不停，兩腿併步直立。左臂伸直，小臂向前甩出，左掌下點，掌心向內；右臂屈肘，右掌扶於左臂上內側。目視左掌（圖1-82）。

18. 雲燕歸巢

（1）併步架打

左腿向左前方跨一步，兩腿屈膝略蹲。同時，左掌變拳屈肘上架於太陽穴旁，右掌向左側運行，停於左小臂下（圖1-83）。

（2）右弓步沖拳

右腳向右前方跨一步，屈膝前弓，左腿挺膝蹬直，成

圖1-82

圖1-83

圖1-84

右弓步式。同時,右臂屈肘上架於頭右上方,左掌變拳,經左腰側向右前方立拳衝擊,力達拳面。目視左拳(圖1-84)。

【要點】

注意挺胸塌腰,沉肩垂肘、不可彎腰、撅臀。

19. 項莊舞劍

(1)右仆步推掌

左腿微向後移,屈膝下蹲,右腿伸直,平仆成右仆步式。同時,左臂屈肘回收至左肩前,拳心向外,右掌在左臂回收的同時向前下推按。目視右掌(圖1-85、圖1-86)。

圖 1-85

圖 1-86

圖 1-87

（2）左仆步推掌

兩腿蹬地起立，右腿經左腿內側向後方跨一步，然後屈膝下蹲，左腿伸直平仆成左仆步式。同時，右臂屈肘外旋回收至右肩前，拳心向外；左拳變掌，在右拳回收的同時向前下推按。目視左掌（圖 1-87）。

（3）併步下栽掌

右腿挺膝直立，左腿屈膝前弓，隨即右腳向左腳靠攏，兩腿屈膝半蹲。同時，右拳向前下直臂前沖，拳心向裏，力達拳面，左掌收回停於右臂內側（圖 1-88、圖 1-89）。

【要點】

撤步與挽臂推掌要靈敏協調，仆步時要頭正腰直，防止凸臀、拔跟。

圖 1-88　　　　　　　　　　圖 1-89

20. 童子亮捶

（1）雙拳內挽

兩腿仍屈膝半蹲。左掌變拳，兩拳向內翻轉至拳心向下，兩拳十字交叉，兩臂微屈。目視前方（圖 1-90a、圖 1-90b）。

圖 1-90a　　　　　　　　　　圖 1-90b

（2）立身亮捶

兩腿直立，挺胸收腹。同時，右臂由下向上直臂上舉，拳心向前；左臂向後撩，拳心向上。目向前平視（圖1-91）。

【要點】

右拳上沖與左拳後撩時兩臂要挺直；氣要沉，兩膀微鬆，頭正項直。

圖1-91

第三段

21. 掌下飛花

（1）弓步沖拳

左腳向左前方邁一步，屈膝前弓，右腿蹬直成弓步。同時，右臂下落，臂內旋，拳心向下，停於左腋下；左臂外旋，拳心翻轉向上，由後向前，經右拳腕上方向前衝擊（圖1-92）。

（2）獨立如意手

①左拳變掌，臂內旋向上舉起，臂微屈，掌心向上，掌指向右，右拳變三叉訣（圖1-93）。

②上動不停，左腿直立，右腿屈膝前提，足尖下垂。同時，右臂微收，右手三叉訣順勢畫弧於右小腿內側。目視前方（圖1-94）。

【要點】

（1）獨立時支撐腿要直、穩，挺胸，直腰，不可彎腿。

圖 1-92

圖 1-93

圖 1-94

（2）右手掐訣時，用拇指壓住中指和無名指，其餘二指伸直挺腕。

22. 白猿獻果

（1）右腳前落，屈膝前弓，左腿蹬直成右弓步。同

時，右臂屈肘回收，右掌立於右肩上方；左臂由下向上略抬至與肩平，再向前立掌劈出，掌指向前，掌腕微提（圖1-95）。

（2）左臂屈肘收回，左掌立於左肩前，然後迅速臂外旋向前平砍，掌心向上，力達掌根。目視左掌（圖1-96、圖1-97）。

圖 1-95

圖 1-96

圖 1-97

23. 犀牛望月

（1）弓步雙劈掌

身體向左轉體約 90°，左腿屈膝前弓，右腿蹬直成左弓步式。兩臂前後掄劈，掌指向上（圖 1-98）。

（2）拗步分掌（夜叉巡視）

①腳不動，上體儘量向左轉。同時，右臂向上、向前劈出，左臂也向上、向後劈出，掌心均向左側。目左視（圖 1-99）。

圖 1-98

圖 1-99

②上動不停，兩臂屈肘收抱於腹前，左手在上，右手在下，身體前傾（圖 1-100a、圖 1-100b）。
③上動不停，兩臂同時前後分開，左手向後托打，右手向前擊打，力達掌背。目視左手（圖 1-101）。

圖 1-100a

圖 1-100b

圖 1-101

【要點】

弓步雙劈掌時，兩掌均向上舉起劈下，力達掌根。拗步分掌時，弓步要低，上體儘量左扭，左腳、左膝內扣，注意直腰落臀。

24. 老君探氣

（1）弓步合掌

①右腿上前一步，面向運行前方，兩手同時下落置於兩胯旁（圖1–102）。

②左腳上一步，屈膝前弓，成左弓步式。同時，兩臂由兩側向前擺動，兩掌心相合。目視前方（圖1–103）。

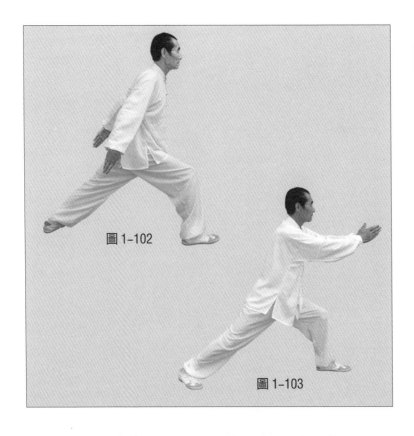

圖1–102

圖1–103

（2）捧簫式

①左腳向右腳靠攏，兩腳向右碾轉使身體右轉 90°。同時，兩臂屈肘，兩掌相對上抬於頭右前方（圖 1–104）。

②左腳向左側伸腿平仆，右腿屈膝下蹲。同時，兩掌向前運行（圖 1–105）。

③右腿蹬直，左腿前弓成左弓步式。同時，兩掌直臂前伸，兩掌相合。目視前方（圖 1–106）。

圖 1–104

圖 1–105

圖 1–106

（3）坐胯身仰

①身體向右轉約 180°；同時兩臂伸直，兩掌心仍相合。右腿伸直，重心移至左腿，同時上體後仰約 30°。兩掌握拳，拳心向下收回腰間（圖 1–107、圖 1–108）。

②上動不停，左腳外擺，右腳內扣，身體後轉約 180°。兩臂伸直，兩掌相合成左弓步，然後重心後移至右腿，上體後仰約 30°，兩掌握拳，收回腰間（圖 1–109、圖

圖 1–107

圖 1–108

圖 1–109

圖 1–110

圖 1–111

1–110）。

③上動不停，左腳前進半步踏實前弓，右腿伸直成左弓步。同時，兩拳變掌前伸合掌，臂伸直。目視前方（圖1–111）。

【要點】

兩掌平抹與轉體要協調一致；重心後移時上體微向後仰，重心落於後腿，前腿伸直，足尖虛點地面，不可滯重。

25. 伯牙撫琴

（1）弓步插掌

右腳前進與左腳並齊，再上一步，屈膝前弓成右弓步。同時，兩掌相合立掌前插（圖1–112、圖1–113）。

（2）轉身撫琴

右腳裏扣，身體左轉成馬步。同時，兩掌分開，掌心朝下由右向左平抹至左側，再收於腹前。同時，左腿收回

圖 1-112　　　　圖 1-113

圖 1-114a

圖 1-114b

圖 1-115

與右腳並齊。隨後兩掌由身體兩側舉至頭上方，掌指相對
（圖 1-114a、圖 1-114b、圖 1-115）。

【要點】

兩臂平抹，掌心向下，小臂要持平，速度均勻，以腰帶臂，眼隨手轉。

26. 劈波斬浪

（1）弓步雙劈掌

兩臂由體側下落，向前後分劈，力達掌根。同時，右腿向右側跨一步，屈膝成右弓步式。目視右掌（圖1-116）。

（2）進步揚掌

①右掌向上、再向左肩前弧形擺動，經體前向右下穿掌，並成右仆步（圖1-117）。

②接上動，身體起立，右腿屈弓；左腿伸直，順勢從右腿內側邁前一步；隨之右腿蹬直，左腿屈弓成左弓步。右掌上架，左掌向前撩擊（圖1-118）。

③上動不停，身體右轉，右腿屈膝前弓。右臂上架不動，左臂前伸，隨體右轉運行，掌心向上。目視前方（圖1-119）。

【要點】

進步揚掌動作要連貫進行，仆步要低，挑掌和撩擊要協調配合，左掌向前撩擊時要力達掌心。

圖1-116

圖 1-117

圖 1-118

圖 1-119

27. 羅漢拂塵

（1）進步撩掌

①接上動，右弓步不動，右手抱拳置右腰側，左臂稍屈，掌心向外（圖 1-120）。

②上動不停，左手屈肘回摟，右手仰掌前穿（圖 1-121）。

圖 1-120

圖 1-121

③上動不停，左腿仆步，左手立掌卜穿（圖 1–122）。

④上動不停，左腿屈弓，右腿伸直成左弓步。左臂上挑，右臂平伸與肩平（圖 1–123）。

圖 1–122

圖 1–123

⑤上動不停，右腳經左腿內側上一大步，屈膝前弓成右弓步。同時，左手屈肘上架，掌心向上，右掌向前撩擊（圖 1–124）。

（2）馬步橫掌

①左腳略微內收，左腿屈膝，兩腿半蹲成馬步。同時，右手屈臂亮掌於頭上方，左掌下落於小腹前，掌心向下（圖 1–125a、圖 1–125b）。

圖 1–124

圖 1–125a　　　圖 1–125b

②上動不停，左臂外旋直臂向左側橫擊，掌心向上。
目視左掌（圖 1-126）。

28. 馭伏麒麟
（1）弓步雙劈掌
①兩臂上舉交叉，左內右外（圖 1-127）。

圖 1-126

圖 1-127

②上動不停，右腿挺膝蹬直，左腿屈膝前弓成左弓步。同時，兩臂向前後劈下，掌心向內，掌指向上。目視左掌（圖1-128）。

③右腳經左腿內側向前上一步，然後屈弓成右弓步。同時，右掌向前劈，下劈至肩平，力達掌根，左掌向後撩掌。目視右掌（圖1-129）。

圖1-128

圖1-129

（2）合腿切合掌

①右腿直立向右前方跨一小步，足尖點地。同時，右手由內向外畫一小弧（圖 1-130）。

②上動不停，左腿由後向上直腿裏合。同時，左臂隨左腿上擺（圖 1-131）。

③上動不停，左腿下落屈膝，左腳掌點地成左虛步；同時，右腿屈膝半蹲。左掌下插於左腿內側，右拳抱於右腰側（圖 1-132）。

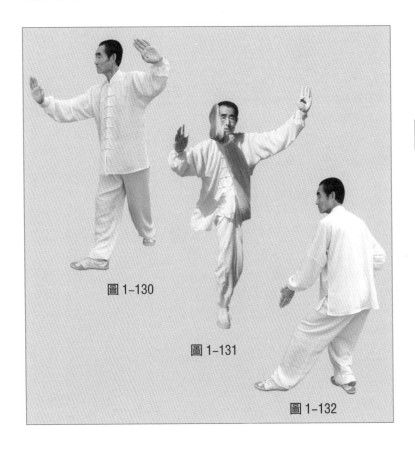

圖 1-130

圖 1-131

圖 1-132

【要點】

左腿裏合速度要快，右腿支撐要穩，左腳落地時要輕，虛步儘量下低。

29. 力劈華山

左腳向前邁步落實，屈膝成左弓步式。同時，兩臂先在身前交叉，然後雙掌由襠下向前後分割，左掌在前，右掌在後。目視前方（圖1-133、圖1-134）。

圖 1-133

圖 1-134

第四段

30. 毗盧歇步

（1）兩臂上舉至頭頂上方，兩掌相搭，掌心向上，右上左下。同時，右腿向左腿後斜插下行（圖1-135）。

（2）雙臂向兩側分落回屈，隨即雙腿屈膝半蹲成歇步，同時兩掌合實變成毗盧訣式（圖1-136a、圖1-136b）。

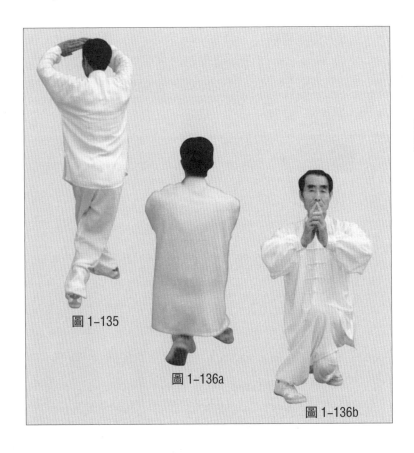

圖1-135

圖1-136a

圖1-136b

【要點】

毗盧訣式：雙手如抱拳，拳心虛空，兩食指向上直立，指腹相對，左拇指搭於右手姆指外，左手其餘二指搭抱於其餘三指外。

31. 落地生根

（1）左彈踢腿

右腿直立，左腿屈膝上提，腳尖向下。兩手仍持毗盧訣式（圖1-137）。

（2）馬步撐掌

上動不停，左腳向左側彈踢後落地，兩腿屈蹲成馬步式。同時，兩手變掌，臂內旋向外雙撐掌，臂微屈。目視左側（圖1-138、圖1-139）。

圖1-137　　圖1-138　　圖1-139

【要點】

彈踢要有力，力達足尖；馬步要低，足尖向前，雙臂用力外撐，頭要正，背要直，臀要斂。

32. 順水推舟

（1）身體右轉約 90°，右足外擺。同時，左手臂外旋，由左向右前上方仰掌畫弧（圖 1–140）。

（2）上動不停，右掌上穿，掌心向上，左掌向左下穿插至左腳上方。同時，右腿屈膝下蹲，左腿伸直平仆成左仆步式（圖 1–141）。

圖 1–140

圖 1–141

（3）上動不停，左掌臂內旋屈肘上架於頭上方，掌心向上。同時，右腳經左腿內側上一大步，屈腿前弓成右弓步式。右掌經右腰側向前撩擊，掌心向前（圖1-142）。

【要點】

以上動作要連貫進行，一氣呵成，中間不可停頓。

圖 1-142

33. 單峰貫耳

（1）右弓步撩推掌

①右腳先向左腳收回，腳尖點地微蹲。同時，兩掌向左弧形擺動至左側（圖1-143）。

②右腳向右跨步，屈腿前弓成弓步式。同時，兩掌向下、向右推撩，兩臂微屈（圖1-144）。

（2）霹靂手

①右腳外展，身體向右轉體約90°，左腳向右腳併攏，兩腿並直，足尖向前。同時，左直臂前移至體前，右掌變拳收抱於腰間。目視左掌（圖1-145a、圖1-145b）。

②身體右轉90°，兩腿仍然並立。左臂收回至腰前，右直臂立掌向右側平擺至體前（圖1-146）。

【要點】

身體連續右轉與兩臂弧行平抹要協調和順，左掌立掌前推，右拳仰抱於腰間，挺胸塌腰，目視前方。

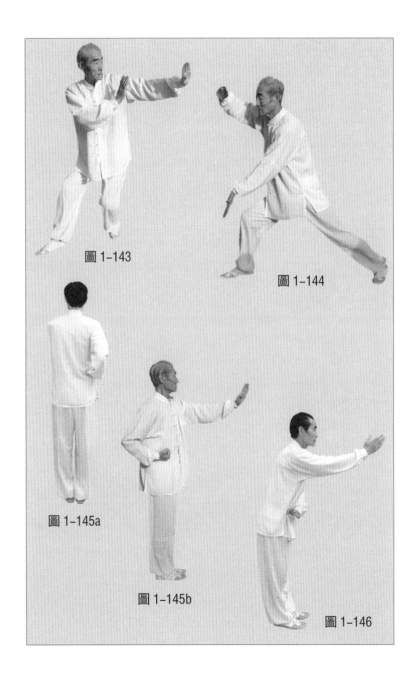

圖 1-143

圖 1-144

圖 1-145a

圖 1-145b

圖 1-146

34. 雛鷹試飛

（1）平衡式

左手從右臂上穿出，立掌前插。左腿獨立，右腿向後上撩踢。右臂隨之後擺成平衡式（圖1-147、圖1-148）。

（2）靈蛇出洞

①右腳向左腳前落地站穩前弓。同時，兩臂屈肘在胸前相抱，左下右上，掌心相對（圖1-149）。

②上體不動，左腳向前平彈踢，足尖繃直，力達足尖（圖1-150）。

圖1-147

圖1-148

圖 1-149

圖 1-150

【要點】

（1）後撩踢平衡式，腳高要超過身體，身體前俯要平，頭要抬，目視前方。

（2）左足前踢需力貫足尖，身正步穩。

35. 行者探路

（1）二郎擔山

接上動，左腿向身後落地成左仆步，再前弓成左弓步式。同時，兩臂分別向下再向上挑起，兩臂與肩平，兩掌

握拳，拳心朝左（圖 1–151、圖 1–152）。

（2）虛步挑掌（跨虎式）

右腳向前上一小步，兩腿屈膝半蹲，右足尖虛點地面；左足踏實，足跟不得提起。同時，右臂內旋，掌心向上，五指撮攏成反勾手狀，左拳變掌立掌上架。目視左手（圖 1–153）。

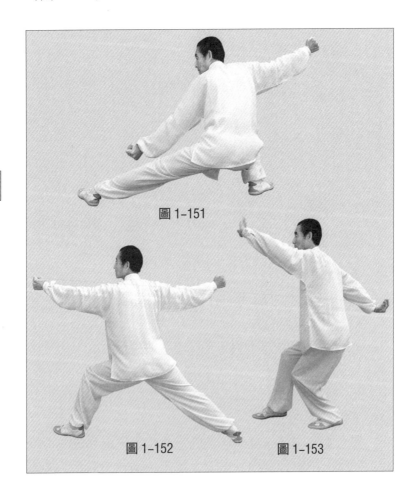

圖 1–151

圖 1–152

圖 1–153

36. 合掌禮佛

（1）翻身劈掌

右腳向右後方跨一步，屈腿前弓成右弓步式。同時，兩臂在胸前交叉，在右腳邁步的同時，右臂向右後方立掌下劈，高與肩平，力達掌根，左臂平伸，兩掌指向上（圖1-154）。

（2）進步撩掌

①重心移至左腿，右腿平仆。右掌下按，左掌向左擺動（圖1-155）。

圖 1-154

圖 1-155

②左腿上一大步，屈弓成左弓步式。同時，右臂上挑，屈肘內翻亮掌於頭上方，掌心向上，左臂微屈，由後向前撩擊（圖1-156）。

（3）懷中抱月

①上動略停，兩腿不動。右臂外旋下落於體前，掌心翻轉向上；左臂內旋翻轉向下，兩臂肘微屈，掌心相對，合抱於胸前（圖1-157）。

②重心移至右腿，兩手仍然相抱，左下右上（圖

圖1-156

圖1-157

1–158）。

（4）併步合掌

①右腿屈蹲，左腿平仆成左仆步式。同時，右掌上抬於頭右上方，左掌內翻下插於左腳面上方（圖1–159）。

②右腿挺膝上步與左腳並齊直立。同時，兩掌前伸，在胸前合掌，掌指向上。目視兩手（圖1–160）。

【要點】

併步合掌如拜佛狀，上體略微前傾，凝神靜氣。

圖 1–158

圖 1–159

圖 1–160

第五段

37. 蛟龍戲水

（1）併步右推掌

接上動，兩掌分開，左掌收至左腰間，右掌向前弧形平抹至體前（圖1-161）。

（2）弓步沖拳

右腳上一大步，屈膝前弓成右弓步式。同時，左拳向前衝擊，力達拳面，拳眼向上，右臂屈肘收掌立於左臂側。目視左拳（圖1-162）。

38. 樵夫擔柴

（1）翻身劈拳

上體向左後轉約180°，重心移至左腿。同時，右掌變拳，兩拳交叉上舉至頭上方時，左臂向前，右拳向後劈

圖1-161　　圖1-162

下，高與肩平，力達拳輪。目視左拳（圖1-163）。

（2）進步劈拳

左腿伸直，右腳上步屈弓成右弓步式。同時，右拳向前下劈擊，高與肩平，力達拳輪，左拳向後（圖1-164）。

【要點】

兩拳下劈時，兩臂要平，身體微向前傾，挺胸塌腰。

圖1-163

圖1-164

39. 鷂子翻身

（1）歇步下沖拳

右腿起立，足尖內扣，左腳向右腿後倒插一步，兩腿屈蹲成歇步式。同時，身體左轉，右拳由右向上，再向左、向下掄壓，屈肘收於腹前，拳心向下；左拳在右拳運動的同時收於腰間，再經右拳背上向下衝擊，拳心朝上（圖1–165、圖1–166）。

（2）鷂子亮翅

步型不變，身體稍向右轉。同時，左拳直臂上舉於頭左上方，拳心向左；右拳向右後方摟伸，臂伸直，拳心向後。目視左前方（圖1–167）。

（3）鷂子翻身（馬步擺拳）

兩腿微起，身體微左轉，右腳向前跨步，足尖裏扣，兩腿屈膝半蹲成馬步式。同時，右拳直臂從右後向前橫

圖1–165　　　　圖1–166

擺，拳心向後，力達拳眼；左拳下落，屈肘橫收於胸前。
目視右拳（圖 1-168）。

【要點】

歇步要低，沖拳要有力；亮翅時兩臂伸直，腰部儘量
向右扭；橫擺拳時，馬步要低，力達拳眼。

圖 1-167

圖 1-168

40. 霸王開弓

（1）馬步對拳

步不動，右臂屈肘，收於胸前，兩拳心向外。目視右拳（圖1-169a、圖1-169b）。

（2）馬步擺拳

步不動，左拳向左側橫擺，以拳背用力，臂伸直，如拉弓式。目視左拳（圖1-170）。

圖1-169a　　　　　　圖1-169b

圖1-170

41. 金剛對錘

（1）弓步雙劈捶

上動不停，左拳向裏、向上再向前衝，右拳向後撩，拳與肩平。馬步變左弓步。目視左拳（圖1-171）。

（2）進步雙劈拳

左腿蹬直起立，右腳經左腿內側向前上一步，屈弓成右弓步式。同時，右拳向前掄劈，左拳向後撩。目視右拳（圖1-172）。

圖1-171

圖1-172

（3）歇步對拳

①兩腿成交叉步，右前左後。同時，兩拳變掌收回胸前，掌背相貼，向下運行至小腹前（圖1-173）。

②兩腿不變，兩臂經體側屈臂上舉至頭前，兩掌變拳，兩拳相對（圖1-174）。

③上動不停，兩拳心向下，拳面相對，經體前向下按至小腹前。同時，兩腿屈膝全蹲成歇步式。目視前方（圖1-175）。

【要點】

歇步對拳，兩眼要隨著右拳看，上舉、下落要做到手到眼到。

42. 雄鷹落架(左)

（1）弓步栽拳

左腳向左側跨一步，屈膝前弓成左弓步式。同時，兩

圖1-173　　圖1-174　　圖1-175

拳經腰間向前下栽擊，拳心向裏，拳眼向上，力達拳面（圖1-176）。

（2）倒腰擄手

①左足內扣，身體向右後轉身約180°，右腿前弓，左腿挺直。雙手變掌相合。右足向後半步，同時左腿屈膝後坐，右腿挺膝伸直，足尖輕點地面，身體後仰，重心後坐。同時，兩拳由下向上、由上向懷中擄拉，拳心均向下（圖1-177、圖1-178）。

圖1-176

圖1-177　　　圖1-178

②上動不停，兩腳向左後碾轉，身體隨之向左轉約180°。兩拳仍收抱於腰間（圖1-179）。

（3）弓步雙插掌

左腳向前邁出一步，屈弓成左弓步式。同時，兩拳變掌，合掌直臂前插，掌指向前。目視前方（圖1-180）。

【要點】

轉腰後倒攦手要協調和順，不可左右搖晃。

（4）雄鷹落架（右）

①兩腳不動，兩掌臂內旋經體側向後方勾攦，臂伸直，五指緊捏成反勾手狀。注意挺胸、抬頭、塌腰（圖1-181）。

②回頭望月：右臂屈肘向上抬，右勾手變掌置於左肩前，頭向左扭。左足內扣，以腳掌為軸向右碾轉；同時右腿隨體轉向右後掃腿半周（圖1-182a、圖1-182b）。

圖1-179

圖1-180

③弓步雙勾手

右腿屈膝前弓成弓步。同時，兩手合掌前插（圖1-183）。

上動不停，兩掌變勾手由體側向後方勾撩，勾尖向

圖 1-181

圖 1-182a

圖 1-182b

圖 1-183

上。目視前方（圖1-184）。

【要點】

（1）掃腿半周時注意上體要正，不可前俯突臀。

（2）雙勾手時兩臂儘量後撩，挺胸，直腰，目視前方。

43. 撥雲見日

（1）左右臂由後向前、再向上方撥至頭右上方，左掌搭於右掌背。右腿回收約半步，足尖虛點地面，左腿屈膝後蹲。兩掌由上而下收於襠部（圖1-185、1-186）。

（2）右腳前進半步，左腳向前一大步。同時，雙掌由襠下向前擊（圖1-187）。

（3）左右臂由前向上方撥至頭左右方。同時，左腿回收約半步，足尖虛點地面，右腿屈膝後蹲（圖1-188）。

圖1-184　　　　圖1-185　　　　圖1-186

44. 亮劍藏鋒

（1）歇步按掌

左腳前移半步，右腳跟進，兩腿屈膝下蹲成歇步式。同時，右臂伸直，掌心朝下，隨下蹲下按，左掌變拳收於腰間。目視右掌（圖1-189）。

圖1-187

圖1-188

圖1-189

（2）亮劍藏鋒

①兩腿起立，右腳向右側跨一步，成分腿站立式。同時，右掌收回腰部，左掌向右側前伸（圖1-190）。

②上動不停，左腳向右腳靠攏，兩腿併步直立。同時，左掌收回腰部，右臂立掌前穿（圖1-191）。

45. 神龍入海

右腳向右側跨步，平仆，左腿微屈，繼之左腿蹬地起立，然後向右腳前上一步，屈膝前弓，成左弓步。同時，右臂屈肘上架，掌心向上；左拳向前衝擊，拳眼向上，力達拳面（圖1-192、圖1-193）。

46. 震腳砸拳

右腳不動，兩腿起立，左臂握拳上舉，隨即左腳向右

圖1-190　　　　　　　　圖1-191

腳併步震腳，兩腿微屈。同時，左拳下砸，右掌心上托左拳背。目視前方（圖1-194）。

圖1-192

圖1-193

圖1-194

第六段

47. 黑熊探掌

（1）虛步探掌

左腳向左側撤一步，右腳隨之後撤，足尖虛點地面。同時，右臂直掌前伸，掌心向下。目視右掌（圖1-195）。

（2）弓步沖拳

右掌刁合手，向回抽擄。同時，左腳前進一步，屈膝半蹲成左弓步式。左拳隨步向前直臂衝擊，力達拳面，拳眼朝上（圖1-196）。

48. 合掌禮佛

右掌變拳，向前伸搭於左腕下，兩拳心均向外，拳眼向上。右腳向左腳併步，腳尖點地，兩膝微屈半蹲。同

圖1-195　　　　　圖1-196

時，兩拳變掌直臂向上再向兩側分開，向身前合掌，掌指向上。目視前方（圖1-197～圖1-199）。

【要點】

半蹲時，上身要挺直，不可前俯、突臀。

圖1-197

圖1-198

圖1-199

49. 金剛側踹

（1）轉身蹬腳

①上身不動，兩腳以腳前掌為軸，向左轉身約 90°（圖 1-200）。

②左腿挺立，右腿屈膝提起向右方蹬踢，足尖繃直（圖 1-201）。

（2）馬步撐按

右腳下落，兩腿屈蹲成馬步。同時，雙掌由胸前向左右撐按。目視前方（圖 1-202）。

圖 1-200

圖 1-201

圖 1-202

50. 撮踢擄打 (提膝撩踢)

（1）轉身探掌

身體向右轉成虛步。同時，右掌前探平伸，左掌心向下，置於左腰側（圖1-203）。

（2）提膝撩踢

左掌前伸，掌心翻轉向上，右掌屈收於左胸前。同時，左腿屈膝向前撩踢，隨後屈提（圖1-204）。

（3）弓步推掌

左腳前落屈膝前方，右腿蹬直。同時，左掌前擄，右掌直臂前推，掌心朝外，掌指向上，力達掌心（圖1-205）。

圖1-203

圖1-204

圖1-205

【要點】

提膝撩踢時，左臂與左腳上踢要同起同落，提膝為過渡動作，隨提隨落，協調和順。

51. 連環推掌

右腿向前上一步，屈膝前弓，左腿蹬直成弓步。同時，右掌變勾手後攟，勾尖朝上，左勾手變掌經腰間向前推擊（圖 1-206、圖 1-207）。

52. 鳳凰展翅

（1）左腳上一步，腿微屈。同時，右掌由後向上再向前運行，屈肘停於體前，左掌前穿，掌心向上（圖 1-208）。

（2）上動不停，身體右轉約 90°，重心移至左腿，右足尖虛點地面成虛步。同時，左臂內旋由左向上、向右前

圖 1-206　　　　　　　圖 1-207

方下落，再向左後上方勾攄；右手由左向下再向前撩挑，掌心向外，掌指向上（圖1–209）。

（3）雙展翅（提膝亮掌）

①身體微左轉，右掌向左畫弧，左掌上穿（圖1–210）。

圖1-208

圖1-209

圖1-210

②上動不停，身體右轉約 90°至右側方向，然後左掌由後向前再向左側平舉，掌心朝外，右掌向右側平舉。同時右腿提膝。目視前方（圖 1–211）。

圖 1–211

53. 金剛亮掌

（1）弓步前撩掌

①右腳前落，兩掌經兩側向前托（圖 1–212）。

②上動不停，左腳再向前上一步，屈弓成弓步。同時，兩掌變勾，臂內旋，由上向下再向後直臂反勾。目視前方（圖 1–213）。

圖 1–212　　　圖 1–213

（2）勾手彈踢

左腿蹬直，右腳向前彈踢，腳面繃直，力達足尖（圖1-214）。

54. 野馬跳澗

（1）上步箭彈腿

兩臂不動，右腳前落，蹬地縱跳；同時，左腿向前擺動，隨之右腳向前上騰空彈踢（圖1-215、圖1-216）。

圖1-214　　圖1-215

圖1-216

（2）右腳落地後，左腳隨之向前落地踏實，屈腿前弓成左弓步。同時，兩勾手變掌向前合實，掌指向前。目視前方（圖1-217）。

圖1-217

【要點】

右腿箭彈時，蹬地要高，要有力，足尖用力；左腿落地要輕、靈，重心不可後坐。

第七段

55.歇步亮掌

（1）裹肘起腿

接上動，左腿收回與右腳併步，兩腿屈膝半蹲。兩掌向左右分開，從上向下畫弧至小腿前，裹肘上捧，掌心向上。同時，右腿起立，左腿隨之直腿上踢，兩臂與左腿成平行。稍定後再做下式（圖1-218）。

（2）提膝穿掌

右腿不動，左腿屈膝前提。同時，左掌收回右腋下，右臂從左掌上穿出。目視右掌（圖1-219）。

（3）歇步亮掌

①腿向左側下落平仆，右腿屈膝深蹲成左仆步式。同時，左掌向左下穿插至左腳上方（圖1-220）。

②上動不停，兩腿起立，右腿向左腿前側插一步，兩

腿屈膝深蹲成歇步式。同時，左臂前伸，掌指向上，右掌
變勾手，向後勾攟，勾尖朝下。目視左掌（圖 1–221）。

圖 1–218

圖 1–219

圖 1–220

圖 1–221

56. 雷公蓋頂

（1）右腳向右側跨一步成右弓步；同時，身體微右轉。兩臂相交，右外左內，前後掄劈（圖1–222）。

（2）右弓步不變。同時，右掌握拳收抱於腰間，左掌變拳從上向下蓋打，高與肩平。目視左拳（圖1–223）。

【要點】

兩臂掄臂要圓，左臂下蓋要有力，力達小臂。

57. 懷抱乾坤

（1）左拳變掌，掌心向上；右拳變掌，掌心向上。左腳後插右腿彎曲處（圖1–224）。

圖1–222

圖1–223

（2）歇步抱掌

左腿向右腿後側倒插一步，兩腿屈膝下蹲成歇步。同時，兩臂屈肘內收在胸前相抱，掌心相對，左臂在上，右臂在下（圖1-225a、圖1-225b）。

58. 轉身推掌

以兩前腳掌為軸，身體向左後轉體約180°，右腳震腳落地，左腳向左前方上一步，屈膝前弓成左弓步式。同

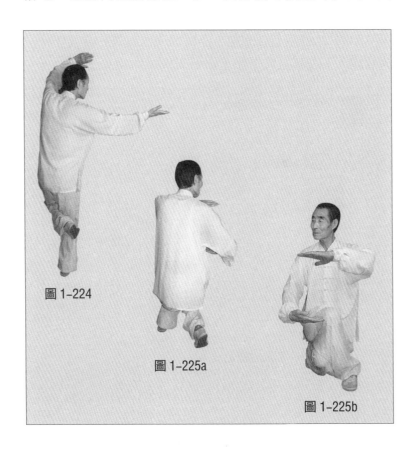

圖1-224

圖1-225a

圖1-225b

時，兩掌向前推出，右掌心向前，左掌心向上。目視前方（圖1-226、圖1-227）。

【要點】

轉體要平穩，推掌與弓步同時完成。

59. 風擺紫蓮

（1）右腿微屈，左腿略收，足尖點地成虛步。同時，右臂由前向後伸展，直臂上舉，立於頭右側，左掌向前推。目視左掌（圖1-228）。

（2）兩臂向右側擺動，左腿前伸，右腿屈蹲成左仆步式。同時，左掌直臂下穿（圖1-229）。

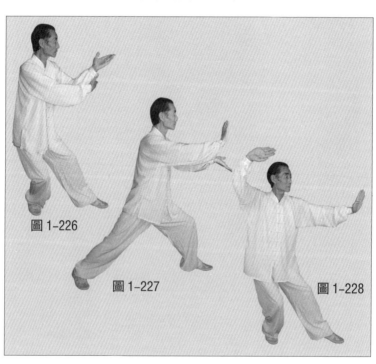

圖1-226

圖1-227

圖1-228

（3）上動不停，右腿蹬直，向前一步與左腿並齊。同時，左臂立掌前伸，右掌上至左臂上側。目視左掌（圖1-230）。

60. 左右擔鞭

（1）上動不停，右腳後撤一步，屈膝成右弓步式。同時，右臂下移，左臂向下、向後，在身前與右臂交叉（圖1-231）。

圖1-229

圖1-230

圖1-231

（2）上動不停，右腿蹬直，左腿屈膝成左弓步式。同時，左臂由下向上再向前掄，右臂向後，兩臂抬平（圖1-232）。

（3）上動不停，右腳向前上一步，屈膝成右弓步式。同時，右臂從後向上再向前掄劈，左臂向後側手掌（圖1-233）。

【要點】

以上主要是掄臂動作，兩臂運行路線要圓，兩肩要鬆，不可有停滯現象。

圖 1-232

圖 1-233

61. 金鵬俯瞰

（1）仆步立掌

重心移至左腿，屈膝全蹲，右腿平仆成仆步。同時，右臂立掌下移至右腳上方（圖1-234）。

（2）提腿撩掌

兩腿起立，右掌由下向左、向右側畫弧，再向後勾摟，左掌向前直臂立掌。左腿獨立，右腿屈膝抬起，膝微屈（圖1-235）。

【要點】

兩臂（掌）左右平分畫弧要圓滑，提膝之腿微屈，足尖平直，身體正直，不可歪斜。

（3）弓步劈掌

右腳向後落地，成右弓步。同時，兩臂交叉，右臂經身前向前劈掌，左臂由下向後平伸，兩掌指向上（圖

圖1-234

圖1-235

1–236）。

（4）弓步撩拳

左腿經右腿內側向前上一大步，屈膝前弓成左弓步式。同時，左掌變拳由後向上再向前、向下劈拳，高與肩平；右掌變拳向下再向後運行至與肩平。目視左拳（圖1–237）。

（5）金鵬俯瞰（歇步亮掌）

①右腳向左腿後倒插一步，兩腿屈蹲成歇步式。兩拳心上下相對，左上右下於胸前（圖1–238a、圖1–238b）。

圖1–236

圖1–237

②兩拳變掌，右掌屈肘上舉於頭右上方，掌心向外；左掌下落於體左側，掌心亦向外。目視左側（圖 1-239）。

62. 般若觀相

（1）仆步穿掌

兩腿起立，右手經左臂內側上穿。左腿前伸平仆，右腿屈膝下蹲成仆步式。同時，左臂直掌下插（圖 1-240）。

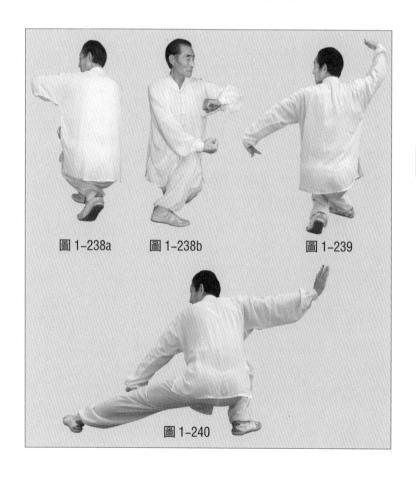

圖 1-238a　　圖 1-238b　　圖 1-239

圖 1-240

圖 1-242

圖 1-241

（2）弓步架托掌

兩腿起立，右腳向前上一步，屈膝前弓。同時，左臂
屈肘上架於頭上方，掌心向上；右掌經腰間向前仰掌推
託，掌心向上。目視前方（圖 1-241）。

（3）般若觀相

身體左轉，左腿上步與右腿成八字步站立。雙掌交叉
相搭，右掌在內，左掌在外，掌心向裏，指與鼻平。目視
雙掌（圖 1-242）。

63. 禮拜十方

（1）上動略停，身體略左，右腿半蹲，左腿微屈，足
尖點地。兩手背下彈至兩腿側，回屈相抱，右手握拳，左
手掌向前搭於右拳背。目視前方（圖 1-243、圖 1-244）。

（2）接上動，身體向右略轉為正面，兩腿直立。兩手
如前不動，拳心向外（圖 1-245）。

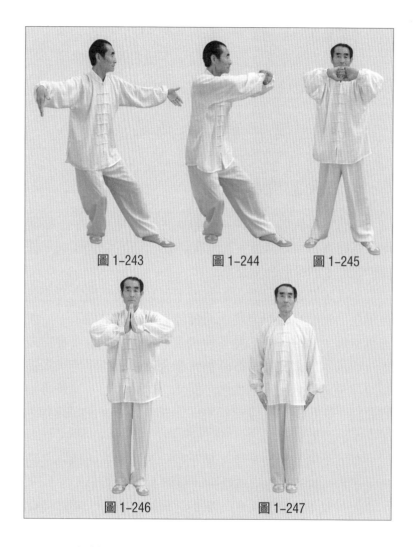

圖 1-243　　　　圖 1-244　　　　圖 1-245

圖 1-246　　　　　　圖 1-247

　　（3）接上式，兩臂下落，再向上畫弧，兩手心相對，合掌於胸前（1-246）。

　　（4）左足向右足併攏，兩腿併步直立。同時，兩臂垂立於體側，掌指向下。目視前方，收勢（圖 1-247）。

【要點】

注意頭正，項直，舒胸實腹，下頜內收，口微閉，呼吸自然，心靜體鬆，目視前方。

第三節　大悲咒

一、大悲咒的由來

大悲咒是佛門主要的一個經咒，全稱是「千手千眼觀世音菩薩廣大圓滿無礙大悲陀羅尼」，其咒共有 84 句。據佛經記載，其得名的由來是：

一次，釋迦牟尼佛告訴其弟子阿難尊者，觀世音菩薩曾經在千光王靜住如來住所時靜住如來特為他說了，廣大圓滿無礙大悲陀羅尼，並且對他說，汝當持此心咒普為未來一切眾生作大利樂。當時觀世音菩薩聽了此咒後，即由初地證至第八地——不動地（指修心的層次）。於是發出誓願說：如我當來之世能利樂一切眾生者，令我即時身生千手千眼具足。

發願後果真頓時身生千手千眼，並且十方大地為之震動，十方諸佛亦都放出無量光明遍照十方無邊世界。

大悲咒不但能除一切災難以及諸惡、病苦，且能成就一切善法，遠離一切苦難。隨後觀世音菩薩合掌對佛說，我有大悲心陀羅尼咒，能令諸眾生皆得安樂，除病延年，富饒益善，滅諸眾罪，遂眾生心希求，皆能滿其所願，故佛許之。

其 84 句經咒皆有神變之相，或佛，或菩薩，或二乘，

或金剛，或梵釋諸天（以上指佛教諸神稱呼），或現忿怒，或現慈悲，或聖或凡，種種形相不一，皆是觀世音菩薩所化現，能利益眾生。在佛教界，顯教與密教的禮敬物件往往不同，而千手觀音則是顯密佛教徒所共同尊仰的大菩薩。

由於大悲咒的普遍流傳，加之觀世音菩薩在我國有很廣泛的影響，佛教信仰者更視其為神咒，他們除日常的早晚功課必誦念外，還在佛教的很多佛事中應用。信眾認為大悲咒靈感異常，如有人患病後，在佛前供一杯水，虔誠誦念，患者飲用後，還可療疾，因此大悲陀羅尼咒是修學佛學者必修的重要咒語，而大悲陀羅尼拳就是一式一咒來行拳的，身、口、意三業清淨地演練大悲拳一定會起到強身健體、延年益壽的作用。

二、大悲咒全文

南無‧喝囉怛那‧哆囉夜耶，南無‧阿唎耶，婆盧羯帝‧爍缽囉耶，菩提薩埵婆耶，摩訶薩埵婆耶，摩訶迦盧尼迦耶，唵，薩皤囉罰曳，數怛那怛寫，南無悉唎埵‧伊蒙阿唎耶，婆盧吉帝‧室佛囉楞馱婆，南無‧那囉謹墀，醯唎摩訶‧皤哆沙咩，薩婆阿他‧豆輸朋，阿逝孕，薩婆薩哆‧那摩婆薩哆‧那摩婆伽，摩罰特豆，怛姪他，唵‧阿婆盧醯，盧迦帝，迦羅帝，夷醯唎，摩訶菩提薩埵，薩婆薩婆，摩囉摩囉，摩醯摩醯‧唎馱孕，俱盧俱盧‧羯蒙，度盧度盧‧罰闍耶帝，摩訶罰闍耶帝，陀囉，陀囉，地唎尼，室佛囉耶，遮囉遮囉，麼麼‧罰摩囉，穆帝隸，伊醯伊醯，室那室那，阿囉嘇‧佛囉舍利，罰沙罰嘇，佛

囉舍耶，呼盧呼盧摩囉，呼盧呼盧醯利，娑囉娑囉，悉唎悉唎，蘇嚧蘇嚧，菩提夜·菩提夜，菩馱夜·菩馱夜，彌帝唎夜，那囉謹墀，地利瑟尼那，婆夜摩那，娑婆訶，悉陀夜，娑婆訶，摩訶悉陀夜，娑婆訶，悉陀喻藝，室皤囉夜，娑婆訶，那囉謹墀，娑婆訶，摩囉那囉，娑婆訶，悉囉僧·阿穆佉耶，娑婆訶，娑婆摩訶·阿悉陀夜，娑婆訶，者吉囉·阿悉陀夜，娑婆訶，波陀摩·羯悉陀夜，娑婆訶，那囉謹墀·皤伽囉耶，娑婆訶，摩婆利·勝羯囉夜，娑婆訶，南無喝囉怛那·哆囉夜耶，南無阿利耶，婆羅吉帝，爍皤囉夜，娑婆訶，唵·悉殿都，漫多囉，跋陀耶，娑婆訶。

禪 門 劍

一、禪門劍動作術語及說明

1. 劍　型

刺劍：劍由內向外直臂刺出，劍尖向上為上刺，向下為下刺，向後為後刺等

劈劍：劍由上向下立劍下落，力達劍身，有前劈、後劈、斜劈等。

撩劍：右手握劍柄，臂外旋拳輪向前，使劍由下向前上弧形運行，向前為前撩，向後為後撩。

掛劍：劍尖向下，屈腕，使劍由前向左下或向右下運動為掛劍，力在劍的前端。

雲劍：劍平舉過頭頂，使劍在頭的上方平行旋轉一周以上，或劍由右向左在頭上方平行旋轉。

點劍：右手握劍屈腕，使劍尖由上向下點擊，力達劍尖。

提劍：右手持劍柄，劍尖向下，臂外旋使手心向上，使劍從後向前上方提起，高不過頭。

崩劍：劍尖向前，突然屈腕使劍向上或橫向崩擊，力

達劍端。

掃劍：劍由右向左或由前向後平行運行，力達劍的中前部分。

抄劍：拳眼向前，使劍由後向前上運行。

撥劍：臂內旋，劍尖下垂，使劍由左前方經身前向右運行。

腕花劍：右手持劍，手腕放鬆，使劍在左右各畫一圈。

穿劍：劍身持平，由身前經腰側向後平行刺出。

2. 步　型

弓步：一腿屈膝半蹲，足尖向前；另一腿挺膝伸直，足尖內扣，不可掀跟。

虛步：一腿屈膝半蹲，腳踏實；另一腿膝微屈，足跟提起，足尖虛點地面。

歇步：兩腿交叉向左擰轉，左腿屈膝全蹲，腳尖外擺，右腿屈膝，大腿緊靠在左小腿內側，為左歇步式；反之為右歇步式。

坐盤：左腿屈膝盤腿坐地，大小腿均接觸地面；右腿屈膝盤腿，臀部坐於左腿上，右腳踏實。

仆步：一腿屈膝全蹲，全足掌著地；另一腿伸直平仆，全腳掌著地，足尖內扣。

橫襠步：一腿屈膝半蹲，另一腿伸直，兩足尖均平行向前。足跟不得離地。

3. 手型、手法

劍訣：食指和中指伸直併攏，無名指和小指屈曲，大

拇指壓在無名指和小指上。

立掌：四指併攏伸直，大拇指屈曲靠於食指旁，屈腕上翹，使指尖朝上，掌心向內。

探指：直臂直指向前平伸並儘量前探，劍指向前，掌心向內。

二、禪門劍動作名稱

起式（韋陀護法）

1. 弓步前指（仙人指路）
2. 高虛步亮指（佛光普照）
3. 獨立半蹲前指（童子拜佛）
4. 扣步轉身雲劍（妙手回天）
5. 插步下截劍（海底探寶）
6. 提膝抱劍（懷抱佛珠）
7. 歇下刺劍（哪吒鬧海）
8. 丁步點劍（點石成金）
9. 行步後掃劍（橫掃千軍）
10. 弓步舉劍（撥雲見日）
11. 虛步上刺劍（雪中送炭）
12. 插步反撩劍（回頭望月）
13. 轉身左右掛劍（撥草尋蛇）
14. 弓步穿劍（金蛇出洞）
15. 併步舉劍（仙人指路）
16. 行步雲劍（嫦娥奔月）
17. 歇步抱劍（海底撈月）
18. 轉身帶劍（佛塵揮土）

19. 提膝劈劍（金雞獨立）

20. 上步穿雲劍（黃龍轉身）

21. 提膝抄劍（老龍擺尾）

22. 插步掛劍（順風掃葉）

23. 歇步按劍（平沙落雁）

24. 弓步反劈劍（大蟒翻身）

25. 歇步持劍（羅漢坐禪）

26. 獨立蹬踢（白虎出洞）

27. 上步提劍（青龍出水）

28. 退步撥劍（烏龍翻江）

29. 上步提撩劍（青龍出水）

30. 退步撥劍（烏龍翻江）

31. 行步穿劍（天馬行空）

32. 坐盤反撩劍（古樹盤根）

33. 併步抱劍（仙人作揖）

34. 平衡前刺劍（夜叉探海）

35. 望月撩劍（蠍子擺尾）

36. 提膝舉劍（佛光普照）

37. 左行步撩劍（普灑甘露）

38. 右行步撩劍（行步撩衣）

39. 翻身前刺劍（探海入關）

40. 插步平崩劍（迎風擋塵）

41. 橫襠步刺劍（白蛇吐信）

42. 旋轉掃撥劍（畫地為牢）

43. 併步舉劍（朝天一炷香）

44. 弓步劈劍（力劈華山）

45. 併步刺劍（黃蜂入洞）

46. 虛步亮劍（平分秋色）

47. 轉身交劍（妙手回春）

收　式

三、禪門劍動作圖解

起式（韋陀護法）

（1）併步持劍

立正站立，左手持劍於左臂後方，劍尖朝上（圖 2-1）。

（2）併步立掌

左臂不動，右臂屈肘，立掌於胸前，掌心朝左，掌指向上（圖 2-2）。

圖 2-1　　　　圖 2-2

（3）併步前指

右手從左向右畫弧至胸前，然後變成劍訣向右前方指出。目視劍指（圖2-3a、圖2-3b）。

1. 弓步前指（仙人指路）

上動略停，左腳向左側跨一步，屈膝半蹲，右腿伸直，兩腿成左弓步式。同時，右手握拳收回胸前，再向右前方指出。目視右指（圖2-4a、圖2-4b）。

2. 高虛步亮指（佛光普照）

上動略停，兩手在胸前相交，然後分別向左右兩側畫一圓弧，左手持劍，屈肘置於左背後，劍尖斜向左上方；右手經體右側屈肘置於頭上方，手心反向上。同時，兩腿起立，右腳踏實，直腿站立；左腿挺膝伸直，腳面繃直，腳尖點地於右腳前方。目視左側（圖2-5）。

圖2-3a　　　　圖2-3b

圖 2-4a

圖 2-4b

圖 2-5

3. 獨立半蹲前指（童子拜佛）

　　上動略停，身體微向右轉，然後左腳向前邁一步，右腳向左腳前扣步，右腳再向前上一步屈膝半蹲；同時，右腿屈膝提起，以右腳面貼於左腿膝窩處，使兩腿成半蹲扣腿狀。同時，左手持劍在身前畫弧，貼於體左側，右手從後向前探指。目視前方（圖 2-6～圖 2-10）。

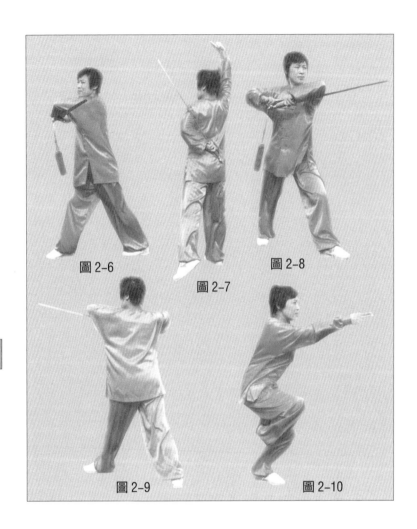

圖 2-6　　圖 2-7　　圖 2-8

圖 2-9　　圖 2-10

4. 扣步轉身雲劍（妙手回天）

　　右腳向後落地，身體向右轉 360°，左腳向右蓋步。同時，左手持劍隨體轉在頭上方雲轉，右手上舉接劍柄（圖 2-11～圖 2-14）。

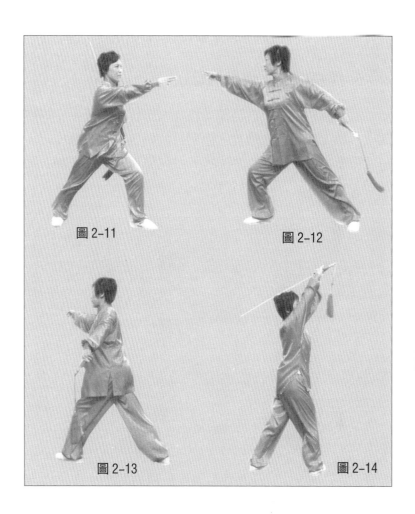

圖 2-11　　　　　　　　　　圖 2-12

圖 2-13　　　　　　　　　　圖 2-14

5. 插步下截劍（海底探寶）

　　上動不停，右腳再向後退一步，屈膝半蹲；左腳隨之再向右腿後倒插一步，左膝伸直，腳尖點地，腳跟提起，兩腿成倒插步式。同時，右手接劍，劍刃從左向右後下方掃截；左臂屈肘，左手成劍訣，上舉於頭部左上方（圖

2–15）。

6. 提膝抱劍（懷抱佛珠）

右手持劍從後上舉至體前再向左下掛，然後手心翻轉向上，劍尖向前，收抱於左腹前。同時，左腿屈膝提起，右腿微屈。左手置於右手腕處。目視前下方（圖 2–16、圖 2–17）。

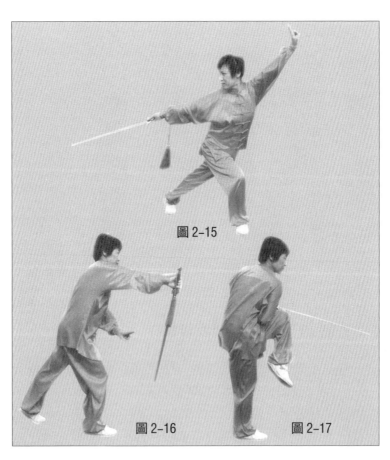

圖 2–15

圖 2–16   圖 2–17

圖 2-18

7. 歇下刺劍（哪吒鬧海）

上動不停，左腳下落外擺踏實，隨即兩腿屈膝半蹲成歇步式。同時，右手持劍，手心向上，用力向前下方刺出，力達劍端；左手劍訣直臂向後伸展，手心向上（圖2-18）。

【要點】

左腳下落成歇步與右手持劍要協調一致，同時完成。注意頭要正，步要穩，不可前俯後仰、左右歪斜。

8. 丁步點劍（點石成金）

右手持劍從身前向上再向後運行至體右側時，以腕為軸，左右各舞一小花，再向右下點劍。同時，右腳向右後跨一步，屈膝半蹲；左腿跟進，屈膝停於右腿旁，腳尖點地。左手劍訣架於頭上方，目視劍尖（圖2-19、圖2-20、圖2-21）。

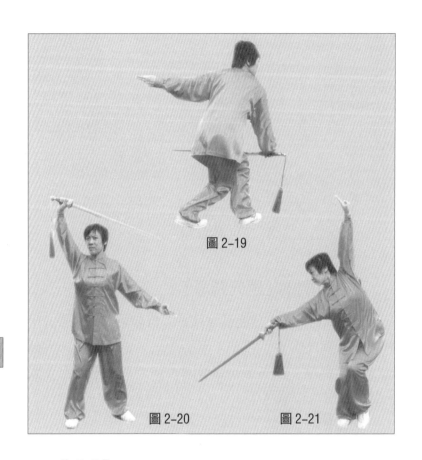

圖 2-19

圖 2-20　　　　　　　圖 2-21

【要點】

轉身上步要快，腕花點劍與丁步下蹲要協調一致。

9. 行步後掃劍（橫掃千軍）

（1）兩腿起立，左腳先向前走一步，然後右腳前進一步，左腳再向前走一步，右腳再向前走一步（共走 4步）。同時，右手持劍順體右側向前撩劍（圖 2-22、圖2-23、圖 2-24、圖 2-25）。

圖 2-22

圖 2-23

圖 2-24

圖 2-25

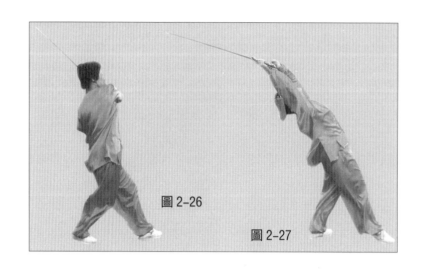

圖 2-26

圖 2-27

（2）上動不停，左腳再向前上一步。同時，右手持劍上舉，經體左側向後撩出（圖2-26）。

（3）上動不停，右腳再向前上一步。同時，身體儘量後仰，右手持劍從前經體右側向後掃出（圖2-27）。

【要點】

連上6步，中間不要停頓，右左撩劍和後掃要與行步協調和順，一氣呵成。

10. 弓步舉劍（撥雲見日）

（1）右手持劍臂內旋收於體前，然後經腹前向左側穿出上舉。左腳上步內扣，右腳上步外擺（圖2-28、圖2-29）。

（2）左腳再上一步，腳尖儘量內扣，然後右腳隨體轉向右後跨步。右手持劍上舉，劍身要平（圖2-30）。

（3）右腳向右後側落地踏實，屈膝半蹲成弓步，左腿

圖 2-28

圖 2-29

圖 2-30

圖 2-31

挺起伸直，腳尖內扣。同時，右手握劍上舉，劍尖指向前方；左臂伸直，左手前指劍的方向。目視前方（圖 2-31）。

【要點】

（1）轉體時以腳掌為軸，碾地、旋轉要快；劍上舉要持平，隨體轉在頭上雲轉一周，仍上舉於頭上方。

（2）注意頭正項直，挺胸直腰，弓步不可掀跟。

11. 虛步上刺劍（雪中送炭）

兩腿挺膝伸直，右腳跟提起，腳尖點地。同時，右手劍下落經腰間向前上穿刺，劍尖高過頭；左手劍訣扶於右手腕處（圖2-32）。

12. 插步反撩劍（回頭望月）

右腿上一步，屈膝半蹲，左腿向右腿後倒插一步。同時，右臂內旋，使劍經體前向右上方反臂撩出，劍尖斜向上方，力達劍端。目視劍尖（圖2-33）。

圖2-32　　　　圖2-33

【要點】

插步要儘量低、遠；上體側傾，目視劍尖方向。

13. 轉身左右掛劍（撥草尋蛇）

（1）左腳向前上一步，右腳再上一步，腳尖內扣。同時，劍隨身向前抄起（圖2-34、圖2-35）。

（2）上動不停，左腳略提，外擺踏實，身體向左後翻轉180°。同時，右手握劍向左下掛，劍尖朝後，左手扶於右腕處（圖2-36）。

圖2-34

圖2-35

圖2-36

圖 2-37

圖 2-38

（3）上動不停，右手持劍，由後向上抄起至前上方（圖 2-37）。

（4）上動不停，右腳再上一步，腳尖外擺踏實。同時，右手握劍，臂外旋，從上向右側下掛（圖 2-38）。

【要點】

左右掛劍要圓，劍身要貼近身體。

14.弓步穿劍（金蛇出洞）

接上動，左腳上一大步，屈膝前弓成左弓步。同時，右手握劍，臂內旋，從後向上、向左再屈腕使劍尖從腰間向右後方穿出；左手向後伸展，手心向外。左腳蹬地，左腿伸直，右腿屈膝半蹲成右弓步（圖 2-39、圖 2-40、圖 2-41）。

【要點】

穿劍時要儘量屈腕，使劍身持平，經腰間向後平直穿

圖 2-39

圖 2-40

圖 2-41

刺而出，劍刃向上，力達劍端。

15. 併步舉劍（仙人指路）

（1）左腳內扣，右腳向右後跨一步踏實（圖2-42）。

（2）上動不停，左腳向右腳靠近，兩腿直立。同時，右手持劍，經體前向右側平甩，劍刃向右，高與肩平，左手隨之停於右肩前。目視劍端（圖2-43）。

圖2-42

圖2-43

（3）上動不停，兩腳不動。左手從胸前向左側前指，臂伸直，劍訣向前，手心向外，高與肩平。目視劍指（圖2-44）。

16. 行步雲劍（嫦娥奔月）

（1）右手持劍不動。左腳先向前走一步，然後右腳向前走一步，左腳再向前走一步（連進三步）。同時，左指收回胸前，再向左前方探出（圖 2-45、圖 2-46、圖

圖 2-44

圖 2-45

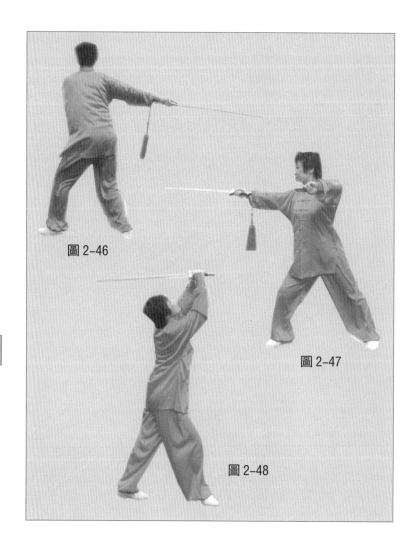

圖 2-46

圖 2-47

圖 2-48

2-47）。

（2）上動不停，右腳再向前行一步，腳尖內扣。同時，右手持劍由後向身前雲動，左手劍指扶於右腕處（圖 2-48）。

（3）上動不停，左腳向右腳後倒插一步，隨之兩腳碾轉，使身體向左後轉體360°。同時，右手持劍，臂外旋，隨體轉使劍在頭上方雲轉一周（圖2-49）。

17. 歇步抱劍（海底撈月）

上動不停，兩腿屈膝全蹲成歇步姿勢。同時，右手持劍，從上向左下雲掃，力達劍身，左手扶於右腕處（圖2-50）。

【要點】

（1）行步時要輕靈穩健，兩腿略蹲，步幅由小到大，走成弧型。

（2）轉體要快，身劍協調，配合要和順。

（3）歇步時兩腿盤緊，上體略向右傾，頭要正，坐要穩，不前俯後仰。

圖2-49

圖2-50

圖 2-51

18. 轉身帶劍（佛塵撣土）

（1）右腳向右側跨一步，膝微屈，左腿蹬直。同時，右手持劍，由左下向右上方撩出（圖 2-51）。

（2）上動不停，左腳向右蓋步，腳尖儘量內扣。同時，右手握劍，臂內旋，經面前下按至腹前（圖 2-52）。

（3）右腳向右後撤步，身體隨之右轉約 270°。同時，右手握劍，臂外旋，向右上撩帶，右膝微屈。目視前方（圖 2-53）。

19. 提膝劈劍（金雞獨立）

接上動，右手握劍，由右上向左斜劈，力達劍身，劍尖斜向上。同時，左腿屈膝上提。左手指扶於右手腕處（圖 2-54）。

圖 2-52

圖 2-53

圖 2-54

【要點】

　　上述動作是連貫動作，要求上步轉身要柔和，身劍要協調；撩帶劍時手腕要柔軟，不可僵直硬撩，應剛中有柔。

　　提膝劈劍時要站穩，提膝要高，膝高過腰。

20. 上步穿雲劍（黃龍轉身）

（1）左腳前落，兩手分開（圖2-55）。

（2）右腳向前上步，腳尖外擺。同時，右手握劍經身前向左前方穿出（圖2-56）。左腳再上步，腳尖內扣。同時，右手雲劍上舉（圖2-57、圖2-58）。

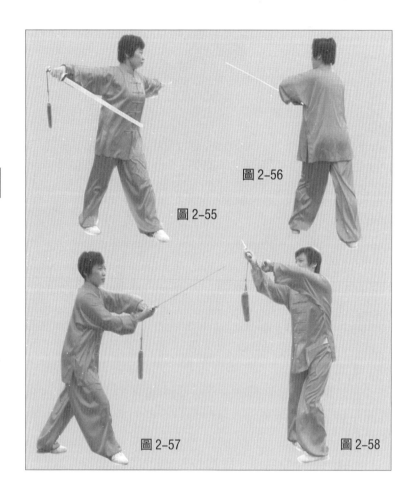

圖2-55

圖2-56

圖2-57

圖2-58

21. 提膝抄劍（老龍擺尾）

（1）上動不停，兩腳碾轉，身體向右旋轉約 270°。同時，右手臂內旋，持劍轉腕下落，使劍身置於背後（圖 2-59）。

（2）左腳獨立，右腿屈膝上提。同時，右手握劍臂外旋，使劍尖從背後向下再向上抄起（圖 2-60、圖 2-61）。

【要點】

（1）以上兩動作要連貫進行，上步扣腳轉身與雲劍要協調一致。

（2）提膝抄劍時，右手握劍柄靠近腰背處，要使劍身貼近後背，抄劍與提膝同步進行，但劍不得觸及身體。

圖 2-59

圖 2-60

圖 2-61

22. 插步掛劍（順風掃葉）

右腳向後落地，兩腳向右碾轉，使上體右轉約 180°。同時，右手持劍，使劍尖從上向下、向右側後方下掛。目視劍尖（圖 2-62）。

23. 歇步按劍（平沙落雁）

上動不停，左腳向前上一步，隨之右腳向左腳後倒插一步，然後兩腿屈膝半蹲，成歇步式。同時，右手握劍從下向上再向左經身前下落於左膝前，劍刃向下（圖 2-63、圖 2-64、圖 2-65）。

【要點】

歇步要低，下按時身體要正，不可前傾、突臀、低頭、彎腰。

圖 2-62

圖 2-63

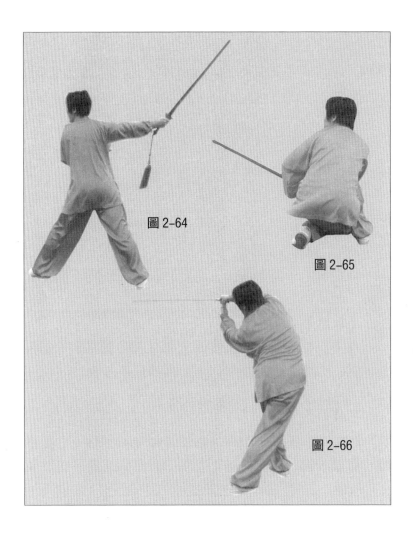

圖 2-64

圖 2-65

圖 2-66

24. 弓步反劈劍（大蟒翻身）

（1）兩腳向右碾轉，上體隨之向右旋轉約 180°。同時，右手持劍向上抬起（圖 2-66）。

（2）上動不停，右腳向右後跨一步，屈膝半蹲成弓

圖 2-67

步。同時，右手持劍經頭上方臂外旋向後反腕下劈（圖
2-67）。

【要點】

身體旋轉時，頭儘量後仰；劍下劈時臂要平，劍要
直，劍刃反轉向下，左手向上舉，目視劍端。

25. 歇步持劍（羅漢坐禪）

身體向右扭轉約 180°，兩腳同時向右碾轉，右腳外
擺，屈膝下蹲；左腳前移，左膝頂在右膝窩處，成歇步
式。同時，右臂內旋，反腕上提至右耳前，劍尖斜向下，
左手扶於右腕處（圖 2-68、圖 2-69）。

26. 獨立蹬踢（白虎出洞）

右腿挺膝直立。同時，右手舉劍，左腿挺膝前踢，足
尖上蹺，力達足跟（圖 2-70、圖 2-71、圖 2-72）。

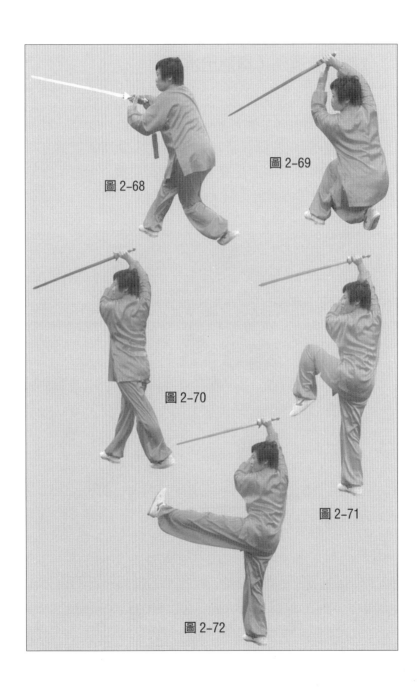

圖 2-68

圖 2-69

圖 2-70

圖 2-71

圖 2-72

27. 上步提劍（青龍出水）

（1）左腳向左前方上一步（圖 2–73）。

（2）右腳也向左前方上一步（圖 2–74）。

（3）左腳向右腳靠近，腳尖點地，成高虛步式。同時，右手持劍由下向上提撩，使劍柄高與頭平，左手置於頭部左後方。目視前方（圖 2–75）。

圖 2–73

圖 2–74

圖 2–75

【要點】

連續向左斜前方上步，中間不要停頓，右手持劍由後向下再向前上，隨上步逐漸提起，劍身斜向下，有提撩的意思。

28. 退步撥劍（烏龍翻江）

（1）左腳向後退一步（圖 2-76）。

（2）右腳再向後側步。右手持劍，臂內旋下落於體前（圖 2-77）。

（3）兩腳向右碾轉，使身體向右轉體約 180°，右腳踏實，左腳再上步停於右腳前，腳尖虛點地面成高虛步式。同時，右手持劍繼續內旋，提腕使劍身由下上提至右肩前，左手扶於右腕旁。目視前方（圖 2-78、圖 2-79）。

圖 2-76

圖 2-77

圖 2-78　　　　圖 2-79

【要點】

　　退步轉身時要以右腳碾轉，使身體向右後轉動；劍向後提撩時要隨身而動，協調和順。

29. 上步提撩劍（青龍出水）

　　（1）左腳向左前方上一步，然後右腳再向前上一步。同時，右手握劍，從後向前撩出（圖 2-80、圖 2-81）。

　　（2）上動不停，左腳再上一步，停於右腳內側，腳尖虛點地面。同時，右手握劍提撩至體前，劍柄高與頭平。目視前方（圖 2-82）。

30. 退步撥劍（烏龍翻江）

　　（1）左腿向後撤一步，隨即右腳再向右後側一步。同時，右手握劍隨撤步下落於體前（圖 2-83、圖 2-84）。

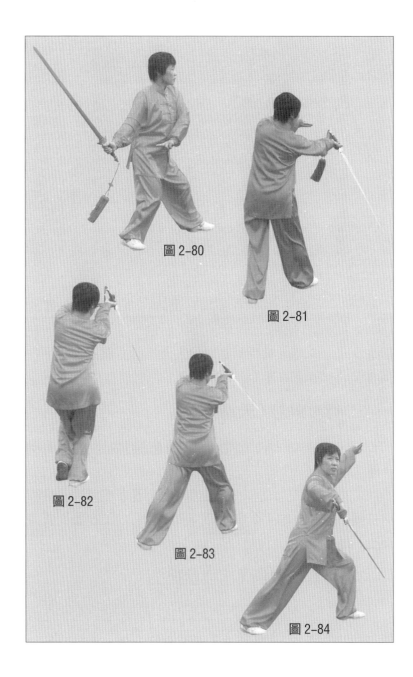

圖 2-80

圖 2-81

圖 2-82

圖 2-83

圖 2-84

圖 2-85

圖 2-86

（2）上動不停，右腳向右碾轉，身體隨之右轉約180°；左腳向右腳前上一步，腳尖點地，左膝微屈，成左丁虛步式。同時，右手握劍下撥，上舉於右肩前，左手扶於右腕處。目視前方（圖 2-85）。

31. 行步穿劍（天馬行空）

（1）左腿向左後方撤步，使身體隨之向左轉體 180°（圖 2-86）。

（2）兩腳交替向前行進四步，當行至第四步時，右腳略外擺。同時，右手握劍，臂外旋，手心向上經腰間向前穿出，劍尖向前。目視前方（圖 2-87、圖 2-88）。

32. 坐盤反撩劍（古樹盤根）

（1）左腳向前上一步，腳尖內扣，右腳再向右後方倒撤一步。同時，右手握劍上舉（圖 2-89）。

圖 2-87

圖 2-88

圖 2-89

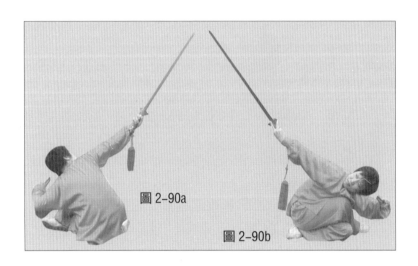

圖 2-90a

圖 2-90b

（2）接上動，左腳再向右腳後倒撤一步，隨即兩腿迅速屈膝下蹲成坐盤式。同時，右手握劍臂內旋，由上向下再向後反臂上撩。目視劍端（圖 2-90a、圖 2-90b）。

【要點】

行步穿劍時，步要走成弧型，步幅由小到大，姿勢由低見高；行步時，劍經腰間向前穿出，並盡力遠送；坐盤要穩，兩腿盤膝要緊，不可鬆懈；反撩劍時，上體盡力向右扭轉。

33. 併步抱劍（仙人作揖）

（1）兩腿原地起立，並向左碾轉 360°。右手持劍順勢旋轉（圖 2-91）。

（2）上動不停，右腳向左腳併步靠攏，兩腿屈膝半蹲。同時，右手持劍，臂外旋，使劍身在面前雲轉一周，然後收抱於胸前，手心向上（圖 2-92）。

圖 2-91

圖 2-92

圖 2-93

34. 平衡前刺劍（夜叉探海）

右腿挺膝蹬直站立，左腿向後盡力上抬，上體前俯，抬頭挺胸。同時，兩手持劍前刺，劍身平直。目視前方（圖 2-93）。

圖 2-94

【要點】

站立要穩，身體要平，頭和左腿要儘量上揚。

35. 望月撩劍（蠍子擺尾）

接上動，右腿獨立不動，左腿屈膝上撩，上體盡力向右後扭轉。同時，右手握劍，從前向後反腕直臂上撩。目視劍端（圖 2-94）。

【要點】

望月平衡時頭儘量後扭，要眼看劍鋒；支撐腿要挺膝伸直，左腿儘量上抬，以保持身體平衡。

36. 提膝舉劍（佛光普照）

（1）左腿向前落地，兩腿微屈。同時，右手握劍，從右向前下掛（圖 2-95）。

（2）上動不停，身體微向右轉約 90°，右腳向左腿後撤一步，略蹲。同時，右手持劍在身前舞一小腕花（圖

圖 2-95

圖 2-96

圖 2-97

2-96）。

（3）上動不停，右腿挺膝伸直，獨立站穩；左腿屈膝上提，腳尖下垂。同時，右手握劍，從後向上舉於頭頂上方，劍尖向前；左手劍訣，直臂前指。目視前方（圖2-97）。

37. 左行步撩劍（普灑甘露）

（1）接上動，左腳向左前落地。右手握劍上舉（圖2-98、圖2-99）。

（2）上動不停，右腳向右前上步。右手握劍向後（圖2-100）。

圖 2-98

圖 2-99

圖 2-100

（3）上動不停，右腳再向左前上一步。同時，右手握劍向前撩出，手心向前。目視劍尖（圖2-101）。

38. 右行步撩劍（行步撩衣）

（1）接上動，右腳向右前方上一步。同時，右手握劍上提（圖2-102）。

（2）左腳向右前上一步。同時，右臂內旋，右手經左側持劍下撩（圖2-103）。

圖 2-101

圖 2-102

圖 2-103

（3）右腳再向右前方上一步。同時，右手持劍，臂內旋，向前上撩出，手心內旋向外（圖2-104）。

【要點】

（1）行步撩劍時步由低到高，邊走邊撩，正好三步一撩，走成S形。上下相隨，身劍協調，劍隨身動。

（2）防止直行前撩，劍身不要遠離身體，步幅不可太小。

39. 翻身前刺劍（探海入關）

（1）左腳向前方上一步。右手持劍向後落（圖2-105）。

（2）右腳向左腳前上一步。同時，右臂持劍向前撩（圖2-106）。

圖2-104

圖2-105

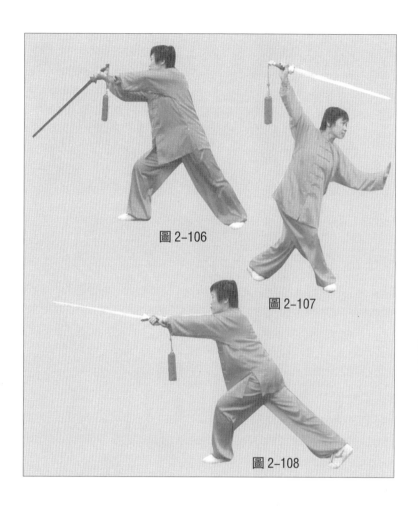

圖 2-106

圖 2-107

圖 2-108

（3）右腳內扣，左腳向右腿後倒插一步，身體隨之向左轉動約一周。同時，右手持劍，使劍鋒經腰間向前穿出（圖 2-107、圖 2-108）。

40. 插步平崩劍（迎風擋塵）

（1）接上動，右腳再上一步踏實，重心微向左移。同

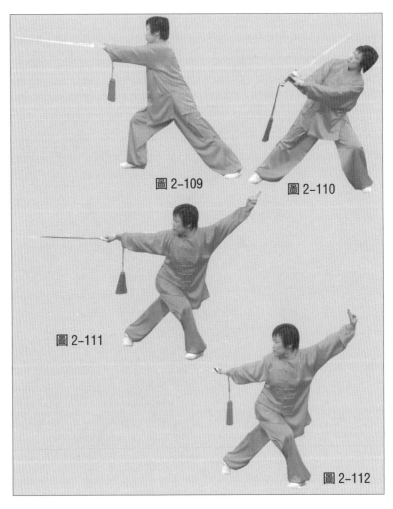

圖 2-109

圖 2-110

圖 2-111

圖 2-112

時，右手持劍，以手腕為軸使劍尖由前向後、再向身前平行擺動一周（圖2-109、圖2-110）。

（2）上動不停，右腳不動，左腳向右腿後倒插一步，腳尖點地，腳跟提起，成倒插步式。同時，右手持劍向右前方崩劍，劍身橫平，力貫劍端，左臂屈肘停於左上方。目視前方（圖2-111、圖2-112）。

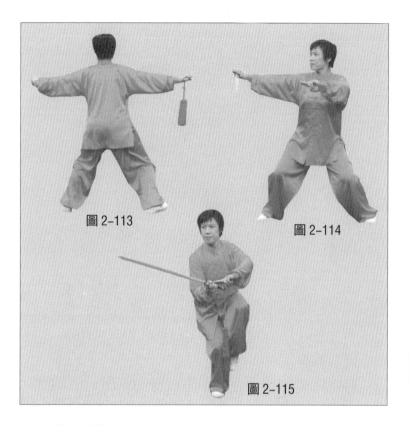

圖 2-113　　　　　圖 2-114

圖 2-115

【要點】

　　圖 2-109、圖 2-110 為一個連貫性動作，翻身要圓要快，劍隨身動；側步平蹲時斜刺後崩，要力貫劍端，手也相隨，倒插步步幅儘量放大放低。

41. 橫襠步刺劍（白蛇吐信）

　　（1）兩腳向左碾轉一周，身體隨之左轉 360°。同時，右手持劍，隨體轉在頭上方雲轉一周，然後收抱於胸前，左手扶於劍柄處。目視正前方（圖 2-113、圖 2-114、圖 2-115）。

圖 2-116

（2）上動不停，左腳向左側跨一步，屈膝半蹲；右腿伸直，右腳內扣，成左橫襠步式。同時，右手持劍，向右前上方直臂刺出，手心朝上。目視劍端（圖 2-116）。

【要點】

轉體要迅速連貫，不可停滯；刺劍時要快，力貫劍尖。

42. 旋轉掃撥劍（畫地為牢）

（1）右手握劍內旋使劍翻轉，劍尖向下（圖 2-117）。

（2）以右腳為軸，右手握劍，臂伸直，劍尖向下，向右旋轉畫圈約 270°。左腳隨體轉向右腿後側扣步（圖 2-118）。

43. 併步舉劍（朝天一炷香）

左腳踏實直立，右腳隨即向左腳併步靠近，兩腳平行站立。同時，右手握劍，從身前直臂上舉，劍尖向上，左手停於左腹前。目視前方（圖 2-119）。

圖 2-117

圖 2-118

圖 2-119

圖 2-120

44. 弓步劈劍（力劈華山）

左腳向左側跨一步，屈膝半蹲，右腿伸直成左弓步式。同時，右手握劍，由上向身前下劈，力達劍身，左手屈肘架於頭部上方。目視劍端（圖 2-120）。

45. 併步刺劍（黃蜂入洞）

（1）重心移至右腿，右腿屈膝，左腿挺膝伸直。同時，右臂內旋，屈肘提劍，手心向外至頭部右前方，左手劍訣伸向左側下方（圖2–121）。

（2）左腳尖略外擺，使腳尖向前，右腳向左腳併步靠攏，兩腿屈膝半蹲。同時，右手握劍，臂外旋，使劍刃翻轉向上、向前下刺出，左手扶於劍柄處。目視前方（圖2–122）。

圖2–121

圖2–122

46. 虛步亮劍（平分秋色）

右腳向後撤一步，屈膝半蹲；左腳腳跟提起，腳尖虛點地面，兩腿成左虛步式。同時，右手握劍，向右上方直臂斜舉，左手劍訣停於左胯旁。目視前方（圖2-123）。

47. 轉身交劍（妙手回春）

（1）右腳外擺。右手持劍內旋下落於體前，手心向下（圖2-124）。

（2）左腳外擺，身體微左轉。左手前指，右手持劍抬平（圖2-125）。

圖2-124

圖2-125

圖2-123

（3）上體不動，右腳向左腳前蓋步，腳尖微內扣（圖2-126）。

（4）左腳再向左擺步（圖2-127）。同時，右手舉劍在頭上雲轉一周，左手準備接劍（圖2-128）。

（5）上動不停，左手從右手中接住劍柄，下落於體側。同時，右腳再上一步，屈膝平蹲成左虛步式。右手置於左小臂內側。目視左前方（圖2-129）。

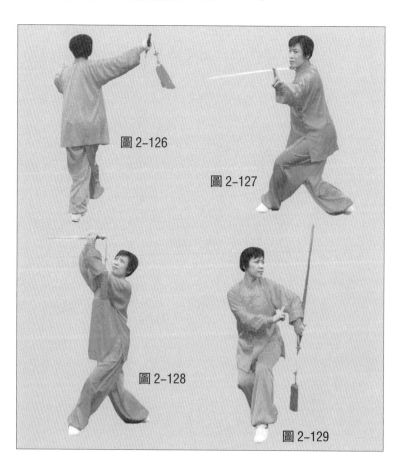

圖 2-126

圖 2-127

圖 2-128

圖 2-129

收　式

（1）併步立掌

左腳踏實，右腳向左腳併步踏實。同時，左手持劍下落於體左側，右手在身前立掌示禮。目視前方（圖2–130a、圖2–130b）。

（2）收式還原

右手下落於體側，目視前方，立正收式（圖2–131）。

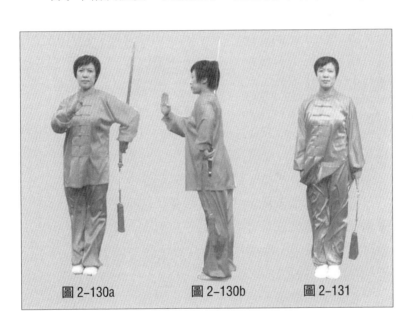

圖2–130a　　　　圖2–130b　　　　圖2–131

我學練大悲拳的親身體會

　　我是太原洗染廠的一名職工，單位效益不好，現已內退。2000年，年邁的父母相繼生病，父親患有腦血栓，母親骨折，從此他們臥病在床，生活不能自理。這些都給我造成極大的壓力。我經常陪父母去醫院就診，回家還要煎藥、幫二老翻身擦洗……但是，父母的病並未見好轉。

　　2005年，父親離開了人世。兩年後，母親也離開了我們。在服侍父母的這七八年中，我的身體越來越差，血壓高了，腦梗有了。為了妻女，我努力想恢復健康，於是戒菸戒酒，但收效甚微，為此我十分苦惱。

　　這時，有朋友勸我去公園鍛鍊，我抱著試試看的心情來到太原迎澤公園。在公園裏，我看到大家在練大悲拳，動作柔軟、緩慢，我覺得很適合我。於是從2007年清明開始，我加入了鍛鍊的隊伍。

　　無論嚴寒酷暑，我從不間斷，鍛鍊效果十分明顯。血壓穩定了，腦梗症狀消失了，身體漸漸變得壯實，覺得渾身有勁，不再感到疲倦。今天在這裏我向大家介紹我的體會，希望大家都來學練大悲拳，健康快樂地生活。

趙潤忠

學練大悲拳，我恢復了健康

我是太原市郵政局的一名退休幹部。退休前工作繁忙，家庭負擔也重，但那時年輕，沒感到有什麼不適。退休後，身體狀況越來越差。經醫生檢查發現患有氣管炎，頸椎、腰椎、腿部都有骨質增生。每到冬季氣管炎就患，經常到醫院打針、輸液，還做過胸部手術。

現在我已 71 歲。2005 年，我在公園鍛鍊時認識了趙喆師傅。從此跟趙師傅學習，在他的指點下健身練功。經過一段時間的學習、鍛鍊，身體有所好轉。尤其是和趙師傅學習大悲拳以後，效果更佳。

趙師傅為人正派，耐心細緻，且從不收費，從基本功到每一個動作都耐心地傳授我們。雖然我學得的功夫與趙師傅的要求還有差距，但經過近四年的鍛鍊，我的身體明顯強壯起來，骨骼、頸椎方面的疾病都有所好轉，即使在寒冷的冬季，我仍堅持學練大悲拳。練完後全身發熱、冒汗，感到特別舒服，血壓、血糖、血脂等各項指標都比較穩定，未發現各種併發症。

通過這四年來的鍛鍊，我獲益匪淺，各種病情得到了有效控制，向健康的方向發展，所有這些都應歸功於趙師傅的指點及大悲拳功法的傳授。願我們大家都來學練大悲拳，健康快樂地生活。

劉和璧

學練大悲拳，提高生活品質

我叫侯夢發，現年 72 歲。剛退休時，身體還可以，但2003 年以後，身體每況愈下，失眠，多夢，體虛無力，飲食不香，傷風感冒更是家常便飯。

2008 年夏，我去太原市南十方白雲寺進香，適逢省佛教協會理事趙喆老師教該寺僧人及部分居士學練大悲拳，一時好奇便駐足觀看，只見該拳舒展大方，節奏緩慢，很適合像我這樣的老年人學練。

從此我便和其他愛好者跟隨趙喆老師用心學練，堅持不斷，愈學愈覺此拳文化底蘊的深長，學習興趣更濃了。經過一年的學練，我的身體狀況大有改善，睡眠好，吃飯香，神清氣爽。

更意想不到的是，習練大悲拳後，我鼻子上多年長著的一塊黑斑逐漸消退，現已基本消失。這更增強了我學練大悲拳的信心。學練大悲拳，可以提高我們的生活品質，何樂而不為呢？

侯夢發

跋

　　我從小體弱多病，因而母親讓我跟表舅王維禮練習長拳以強身健體，常聽表舅談起他和師伯張希貴、趙喆一起跟隨山西省著名武術大師郝學儒先生學拳練武的往事。表舅在談到張希貴時，不時稱讚其習武專心勤奮，且悟性極高。張希貴武術根基扎實，後來成為我省的武術總教練、武術協會副主席。趙喆老師酷愛武術運動，自幼皈依佛門以修身養性，尤其注重武德的修養。

　　他們在山西省武術界有一定的影響，為山西省的武術事業作出了較大的貢獻。我很尊敬他們，但由於種種原因我未能將習武堅持下去。

　　而今我已年逾五旬，身體每況愈下，雖未患什麼疾病，但已是「亞健康」之人，尤其是在上級領導安排挑起山西中醫學院附屬醫院「治未病中心」的擔子後，責任之重讓本就工作繁忙的我常常感到力不從心。行醫三十餘年，我深切感悟到疾病一旦確診，往往很難根治，不僅給患病之人在身體和精神上帶來很大的痛苦，亦給家庭和社會帶來沉重的經濟負擔。然而，三分之二的疾病是可以預防的！這也正是近年來國家中醫藥管理局提倡推廣「治未病」的原因。

　　運動作為健康的四大基石之一，在養生方面有著不可替代的作用。作為一個「治未病」的工作者，我常常在想，怎樣的運動才能更好地幫助人們養生？我想到了武術，於是萌生一個念頭：先由自己重溫幼時的拳術，然後

再逐漸體會源遠流長的中華武術與中醫養生之間的關係，以更好地服務於廣大民眾。

於是閒暇時我常到迎澤公園、汾河公園及南宮廣場去練拳健身並拜訪名師。開始時重溫長拳，其姿勢舒展大方，但要求動作靈活快速，且跳躍、跌仆、翻滾動作較多，已不適合而今的我了。

後來又學打太極拳，工作繁忙壓力又大的我在練拳時心很難寧靜下來，也就日漸沒有了堅持下去的興趣，亦感悟不到武術與養生之間的奧妙。

一個偶然的機會，我聽師弟趙潤忠談到趙喆師伯在迎澤公園等地教人練大悲拳，且不收取任何費用。於是我去拜訪了趙喆老師並有幸學習了大悲拳。打拳時口誦大悲咒，我最明顯的感覺是心很快安靜了下來。打上一套大約十分鐘，收功後心曠神怡，且身體微微發汗，四肢百骸更是舒暢無比。

張仲景在《傷寒雜病論》中解釋小柴胡湯的治病機理：「上焦得通，津液得下，胃氣因和，身濈然汗出而解。」由微汗來調氣機、行氣血，從而達到「陰平陽秘」的平衡狀態，這套拳不正是起到了小柴胡的作用嗎？

兩位老師給我講了大悲拳的機理：它是佛家修身、養性、練心的一種拳法，是中華武術與佛家文化相融會的一套拳術。練拳時以意引氣，以氣運身，內外結合，身心兼修，它要求習者內外合一，剛柔相濟，強調用意不用力，動中求靜，虛實分明，虛領頂勁，鬆腰收臀，沉肩墜肘，呼吸與動作相結合，動作緩慢、穩重，速度均勻，似行雲流水，講究拳打八方，四正四隅，老少強弱皆宜。

大悲拳是一種意識、呼吸、動作密切結合的運動，「以意領氣，以氣運身」，用意念指揮身體的活動，用呼吸協調動作，融武術、氣功、導引於一體，是「內外合一」的內家拳。

重意念，使神氣內斂。練大悲拳要精神專注，排除雜念，將神收斂於內，而不被他事分神。神內使用則「內無思想之患」而精神得養，身心歡快，精神寧靜、樂觀，則百脈通暢，機體自然健旺。《素問‧上古天真率》云：「恬淡虛無，真氣從之。精神內守，病安從來。」

調氣機，以養周身。大悲拳以呼吸協同動作，氣沉丹田，以激發內氣營運於身。肺主氣司呼吸；腎主納氣，為元氣之根。張景岳云：「上氣海在膻中，下氣海在丹田，而肺腎兩臟所以為陰陽生息之根本。」（見《類經‧營衛三焦》）肺、腎同協，則呼吸細、勻、長、緩。這種腹式呼吸不僅可增強和改善肺的通氣功能，而且可益腎而固護元氣。丹田氣充，則鼓蕩內氣周流全身，臟腑、皮肉皆得其養。

動形體，以行氣血。大悲拳以意領氣，以氣運身，內氣發於丹田，由旋腰轉脊的動作帶動全身，即所謂「以腰為軸」、「一動無有不動」。氣經任、督、帶、沖諸經脈上行於肩、臂、肘、腕，下行於胯、膝、踝，以至於手足四末，周流全身之後，氣復歸於丹田，令周身肌肉、筋骨、關節、四肢百骸均得到鍛鍊。具有活動筋骨、疏通脈絡、行氣活血的功效。

由於大悲拳將意、氣、形結合成一體，使人的精神、氣血、臟腑、筋骨均得到濡養和鍛鍊，達到「陰平陽秘」

的平衡狀態，所以能起到有病治病、無病健身的作用，使人健康長壽。恰如《素問‧上古天真論》所說：「提挈天地，把握陰陽，呼吸精氣，獨立守神。肌肉若一，故能壽敝天地。」大悲拳之所以能夠養生，道理也正在於此。

　　兩位老師懷著佛家普救眾生的慈悲之心編寫了這本書，意在推廣佛門武術和養生之道，以助眾生之健康。我懷揣著對老師的深深敬仰之情寫下這篇跋，希望將老師和他們的心血介紹給大家，並願意與大家一起探討中華武術與中醫養生之間的奧妙，一同為健康做努力，將疾病防於未然、治於未然！

山西中醫學院附屬醫院副主任醫師
賈躍進

跋

　　佛教文化博大精深，筆者一個偶然的因緣學得了大悲拳，經過幾年的鍛鍊獲益匪淺，尤其它的風格特點非常殊勝，悠然行拳，瀟灑飄逸，動作又十分優美，因而很是鍾愛。在公園鍛鍊時，別人看到覺得也很喜愛，故懇請學練，於是將此拳推廣開來。

　　經過實踐，學練者都感到此拳可以達到強身健體的目的。他們堅持鍛鍊，並在練習中，普遍有全身發熱、氣血流暢、神清氣爽之感，十分愜意。不少人將大悲拳定為每日必練之套路。有一些六七十歲的年老體弱者也在學練，其中一位老太太總感到全身疲軟乏力，儘管也吃些保健品，還是經常感冒。練了兩年多後，她不但顏面紅潤，有了光澤，而且感到精力充沛。她感慨地說：「我現在冬天不感冒了，身體壯實多了。」學練大悲拳後，大家的身體和精神狀況有不同程度的改觀。

　　禪門劍出自佛門禪宗，該劍法內容豐富，起伏轉折，節奏分明，動迅靜定，急緩如意，如行雲、飛鳳，瀟灑自如，步法輕靈敏捷，招勢靈活多變。該劍法為山西省著名武術前輩、老拳師郝學儒先生傳承。

　　郝學儒先生（1897—1967）係山西萬榮縣榮河鎮劉村人，出身於武術世家，武術高超，武德高尚。新中國建立以來，曾任太原市武術協會委員、太原市南城區人民代表、政協委員等職。1953 年，郝學儒先生曾代表華北地區參加全國民族形式體育表演大會，他表演的大鐵鍬、鞭

杆、少林拳等，榮獲金質獎章，還曾應邀到中南海為毛主席等中央領導人表演。

先生畢生從事武術教授活動，為我國武術事業的發展作出了卓越的貢獻；為繼承和開發中華武術獻出了全部的心血。為紀念緬懷這位老人，故整理加工編著成書，特把此劍法貢獻於社會。

大悲拳和禪門劍都是佛門的瑰寶，有利於社會的文明和人類的健康，為此與師兄——國家級武術裁判，山西省形意拳協會常務副主席兼秘書長張希貴先生共同完成了此書的編著。筆者作為一個佛教徒，有責任將這一佛門文化遺產發揚光大，造福於民。

此書序言，由中國佛協理事、山西省佛協副會長、太谷縣佛協會長國亮法師賜序文，在這裏表示敬意和感謝。

在此書的編寫過程中，承蒙原市政協副主席王繼祖先生、武術界同仁及佛教界五臺山妙江大和尚、能戒法師、悲月法師、悲寂法師、霞如法師等大德高僧及王召先生、李笑白先生給予了熱情的幫助和鼓勵。還有張靜女士演示、柏鴻先生畫圖等，值此書出版之際一併表示衷心的感謝！

由於水準有限，難免有欠妥之處，望武術界同仁批評指正。本書參考宏慈等整理之《大悲陀羅尼拳》一書，在此一併表示感謝。

趙 喆

導引養生功

全系列為彩色圖解附教學光碟

張廣德養生著作　每冊定價350元

1 疏筋壯骨功＋VCD

定價350元

2 導引保健功＋VCD

定價350元

3 頤身九段錦＋VCD

定價350元

4 九九還童功＋VCD

定價350元

5 舒心平血功＋VCD

定價350元

6 益氣養肺功＋VCD

定價350元

7 養生太極扇＋VCD

定價350元

8 養生太極棒＋VCD

定價350元

9 導引養生形體詩韻＋VCD

定價350元

10 四十九式經絡動功＋VCD

定價350元

輕鬆學武術

1 二十四式太極拳＋VCD

定價250元

2 四十二式太極拳＋VCD

定價250元

3 八式十六式太極拳＋VCD

定價250元

4 三十二式太極劍＋VCD

定價250元

5 四十二式太極劍＋VCD

定價250元

6 二十八式木蘭拳＋VCD

定價250元

7 三十八式木蘭扇＋VCD

定價250元

8 四十八式木蘭劍＋VCD

定價250元

太極跤

1 太極防身術

定價300元

2 擒拿術

定價280元

3 中國式摔角

定價350元

醫療養生氣功
定價250元

2 中國氣功圖譜

定價250元

3 少林醫療氣功精粹

定價250元

4 龍形實用氣功

定價220元

5 魚戲增視強身氣功

定價220元

7 道家玄牝氣功

定價200元

仙家秘傳祛病功

定價160元

9 少林十大健身功

定價180元

10 中國自控氣功

定價250元

11 醫療防癌氣功

定價250元

12 醫療強身氣功

定價250元

13 醫療點穴氣功

定價250元

中國八卦如意功

定價180元

15 正宗馬禮堂養氣功

定價420元

16 秘傳道家筋經內丹功

定價300元

17 三元開慧功

定價250元

18 防癌治癌新氣功

定價180元

19 禪定與佛家氣功修煉

定價200元

顛倒之術

定價360元

21 簡明氣功辭典

定價360元

22 八卦三合功

定價230元

23 朱砂掌健身養生功

定價250元

24 抗老功

定價230元

25 意氣按穴排濁自療法

定價250元

健身祛病小功法

定價200元

28 張氏太極混元功

定價250元

30 中國少林禪密功

定價200元

31 郭林新氣功

定價400元

32 八卦之源與健身養生

定價280元

33 現代原始氣功1

定價400元

開脈太極

定價300元

35 通靈功一養生祛病及入門功法

定價300元

37 太極內功養生法

定價180元

38 無極養生氣功

定價200元

39 氣的實踐小周天健康法

定價200元

40 達摩易筋經+DVD

定價350元

洗髓經
定價400元

42 精功易筋經
定價200元

健康加油站

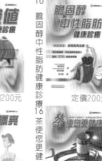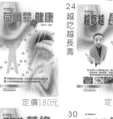

1	糖尿病預防與治療	定價200元
2	胃部機能與強健	定價180元
3	不孕症治療	定價200元
4	簡易醫學急救法	定價200元
5	肥胖健康診療	定價200元
6	肝功能健康診療	定價2⋯
7	高血壓健康診療	定價200元
8	高血糖值健康診療	定價200元
9	尿酸值健康診療	定價200元
10	膽固醇中性脂肪健康診療	定價200元
11	痛風劇痛消除法	定價180元
12	三溫暖健康法	定價1⋯
13	手‧腳病理按摩	定價180元
14	B型肝炎預防與治療	定價180元
15	吃得更漂亮‧健康	定價180元
16	茶使您更健康	定價180元
17	圖解常見疾病運動療法	定價180元
18	科學健身改變亞健康	定價⋯
19	簡易萬病自療保健	定價220元
20	王朝秘藥媚酒	定價180元
21	立見實效保健操	定價180元
22	越吃越幸福	定價200元
23	荷爾蒙與健康	定價180元
24	越吃越長壽	定價⋯
25	自我保健鍛鍊	定價180元
26	斷食促進健康	定價180元
27	蔬菜健康法	定價200元
28	水果健康法	定價200元
29	越吃越苗條	定價200元
30	越吃越聰明	定價⋯
31	全方位健康藥草	定價200元
32	人體記憶地圖	定價350元
33	提升免疫力戰勝癌症	定價280元
34	腎臟病預防與治療	定價230元
35	怎樣配吃最健康	定價200元
36	心臟病腦中風預防與治療	定價1⋯
37	科學養生細節	定價350元
38	由人相診斷健康	定價180元
39	青春期智慧	定價200元
40	前列腺健康診療	定價200元
41	下半身鍛鍊法	定價180元
42	四高健康診療	定價⋯

運動精進叢書

1 怎樣跑得快

定價200元

2 怎樣投得遠
定價180元

3 怎樣跳得遠

定價180元

4 怎樣跳的高

定價180元

5 高爾夫揮桿原理

定價220元

6 網球技巧圖解

定價220元

7 排球技巧圖解
定價230元

8 沙灘排球技巧圖解

定價230元

9 撞球技巧圖解

定價230元

10 籃球技巧圖解

定價220元

11 足球技巧圖解
定價230元

12 羽毛球技巧圖解
定價220元

13 乒乓球技巧圖解

定價220元

14 曲線球與飛碟球

定價300元

15 街頭花式籃球

定價280元

16 精彩高爾夫

定價330元

17 巴西青少年足球訓練方法

定價230元

18 籃球個人技術全圖解+VCD

定價300元

19 門球（槌球）入門與提升180問

定價230元

20 美國青少年籃球訓練方式250例

定價280元

21 單板滑雪技巧圖解+VCD

定價350元

22 籃球教學訓練遊戲

定價280元

23 羽毛球技・戰術訓練與運用

定價280元

快樂健美站

1 柔力健身球

定價280元

2 自行車健康享瘦

定價280元

3 跑步鍛鍊走路減肥

定價280元

4 創造健康的肌力訓練

定價220元

5 舒適超級伸展體操

定價280元

6 水中有氧運動

定價280元

7 雕塑完美身材

定價280元

8 創造超級兒童

定價280元

9 使頭腦變聰明

定價280元

10 防止老化的身體改造訓練

定價280元

11 三個月塑身計畫

定價280元

12 懶人族瑜伽

定價280元

13 忙裡偷閒練瑜伽基礎篇

定價240元

14 忙裡偷閒練瑜伽祛病養生篇

定價240元

15 健身跑激發身體的潛能

定價200元

16 中華鐵球健身操

定價180元

17 彼拉提斯健身寶典

定價280元

18 全身保健操＋VCD

定價280元

19 瑜伽美姿美容

定價180元

20 豐胸做自信女人

定價200元

21 輕鬆瑜伽治百病

定價280元

22 瑜伽秀體小品

定價280元

23 熱舞瘦身小品

定價280元

24 整形打造美麗
定價250元

25 排毒頻譜33式熱瑜伽＋VCD

定價350元

26 太極操＋DVD
定價350元

常見病藥膳調養叢書

 1 脂肪肝四季飲食 定價200元

2 高血壓四季飲食 定價200元

3 慢性腎炎四季飲食 定價200元

4 高脂血症四季飲食 定價200元

5 慢性胃炎四季飲食 定價200元

 6 糖尿病四季飲食 定價200元

 7 癌症四季飲食 定價200元

8 痛風四季飲食 定價200元

9 肝炎四季飲食 定價200元

10 肥胖症四季飲食 定價200元

11 膽囊炎、膽石症四季飲食 定價200元

傳統民俗療法

 1 神奇刀療法 定價200元

 2 神奇拍打療法 定價200元

 3 神奇拔罐療法 定價200元

 4 神奇艾灸療法 定價200元

 5 神奇貼敷療法 定價200元

 6 神奇薰洗療法 定價200元

 7 神奇耳穴療法 定價200元

 8 神奇指針療法 定價200元

 9 神奇藥酒療法 定價200元

 10 神奇藥茶療法 定價200元

 11 神奇推拿療法 定價200元

 12 神奇止痛療法 定價200元

13 神奇天然藥食物療法 定價200元

 14 神奇新穴療法 定價200元

 15 神奇小針刀療法 定價200元

 16 神奇刮痧療法 定價200元

 17 神奇氣功療法 定價200元

品冠文化出版社

大展好書　好書大展
品嘗好書　冠群可期